大人の遠足
BOOK

取り外せる！
特別付録
富士登山
マップ

富士山

▲ 富士山４大ルートガイド
▲ 富士登山マップ
▲ お鉢巡りマップ
▲ 山小屋一覧
▲ 装備チェックリスト ほか

富士登山マナー

☐ 登り優先
☐ むやみに登山道から外れない
☐ 動植物は採らない
☐ 地形を崩さない
☐ 落ちているゴミは拾い、ゴミは持ち帰る
☐ ティッシュペーパーは水溶性を使用
☐ 登頂記念の落書きをしない

富士登山パーフェクトガイド **CONTENTS**

富士登山 4大ルート詳細ガイド　　27

富士登山の基礎知識　　67

富士山

雨ヶ岳
1172

亀ヶ岳
1485

パノラマ台

烏帽子岳
1257

三方分山
1422

本栖湖

精進湖

王岳
1623

鬼ヶ岳
1738

節刀ヶ岳
1736

十二ヶ岳
1683

毛無山
1500

大室山
1468

ふじてんスノーリゾート

青木ヶ原樹海

鳴沢氷穴

紅葉台

三湖台
1165

鳴沢村役場

西湖

足和田山
1355

片蓋山
1468

長尾山
1424

二合目
三合目

精進口登山道

鳴沢村

フォレスト鳴沢
G&CC

富士レイクサイドCC

鳴沢GC

富士桜CC

河口湖CC

富士河口湖町役場

富士河口湖町

河口湖

富士急ハイランド

富士急ハイランド駅

河口湖駅

富士急行線

吉田口登山道(吉田ルート)

富士スバルライン

河口湖IC

富士吉田IC

河口湖IC

富士山北麓駐車場
(富士山パーキング)

吉田口

北口本宮冨士浅間神社

富士山駅

月江寺駅

下吉田駅

富士急行線

中央自動車道

葭池温泉前駅

富士吉田忍野スマートIC

東富士五湖道路

富士吉田市

富士吉田市役所

北富士演習場

山中湖IC

忍野八海

忍野村役場

桂川

高座山
1304

杓子山
1598

富士GC

山中湖諏訪神社

忍野村

大窪山
1295

山中湖村役場

山中湖

山中湖村

石割山
1412

413

5

1 登山道入口
[スタート]

富士宮ルートのスタート地点。富士登山最短ルートとはいえ、山頂までは傾斜のきつい登りが続く

富士登山
3776メートルの頂へ

吉田ルートは最初のうち、砂地の道を歩く。足をとられやすいので小股で着実に歩こう

左／須走ルートは4ルートのなかで唯一、ダケカンバなどの静かな樹林帯から登りはじめる。新六合目を過ぎると一気に視界が開けてくる
右／御殿場口から山頂を目指す。ここから山頂へは8時間前後の長い道のり。まだまだ遠い

2 登り道とその風景

上／吉田ルートの八合目付近を登る。このあたりから空気の薄さを感じる
左／吉田ルート下部にて。晴天時は日差しが強いので、日焼け止め対策も大切だ
右／須走ルートの途中から富士山頂を見上げる。須走ルートは富士山のなかでも緑の多いルートだ

左／御殿場ルートの途中から望む東京、横浜方面の夜景はご来光とともに人気の絶景
右上／朝や夕方、ニホンジカが八合目あたりまで登ってくる。出合っても刺激しないように
右下／吉田ルート七合目付近から山中湖の花火を見下ろす。富士山ならではの体験だ

左／吉田・須走口山頂に
立つ富士山頂上淺間大
社奥宮（久須志神社）の
前でVサイン
右／お鉢巡りの登山道か
ら八ヶ岳を望む。左には
遠く北アルプスが見えて
いる

左／剣ヶ峰への途中から富士宮
口山頂とお鉢を見下ろす
右／富士山頂郵便局では登山証
明書やレターセット、オリジナ
ルフレーム切手セットなどを販
売する
下／多くの登山者が待ちわびる
瞬間。夏のご来光は午前4時30
分〜5時ごろ

⛰3 頂上とご来光

須走ルートを下山する登山者。上部ではまだまだ雲の上を歩くことになる

富士登山3776メートルの頂へ

左／吉田ルートの下山道上部を下る登山者たち。焦らず着実に下りたい道だ
右／須走ルートの砂走り。富士宮ルートを除いて、各下山道はスパッツとマスクが必携
下／御殿場ルートの大砂走りは、登りに要した時間の半分以下で下ることができる

4
下山道

富士山を知る

Knowledge of Mt.Fuji

富士登山の難敵は、その厳しい気象と高度だろう。標高第2位の北岳と比べても約600m高く、五合目から先は背の高い樹木はほぼなくなる。風や雨を遮ってくれるもののない砂礫と岩の世界を、高度障害にさらされながら歩かなければならない。そんな高所をより安心して歩くための富士山の基本情報を紹介しよう（P70、P86〜87も参照）。

ご来光のときは真冬並みの気温になることもある

富士山の気温

標高が100m上がると、気温は約0.6℃下がるといわれる。標高3000mあたり（七合目〜八合目）でも20℃前後は下界より低いわけだ。山頂はさらに標高で700〜800m上だから、4〜5℃のマイナスを考慮しなければならない。

富士山山頂の平均気温
[1991〜2020年の30年間]

月	平均気温 [℃]	日最高 [℃]	日最低 [℃]	湿度 [%]
7月	5.3	8.0	2.8	79
8月	6.4	9.5	3.8	75
9月	3.5	6.5	0.6	67

※富士山の登山期間は例年9月10日前後まで
※気温・湿度データは気象庁ホームページより

P10の表は富士山山頂の30年間の平均気温で、7、8月はだいたい5〜6℃。これに風の影響が加わる。風速1m/秒で約1℃、体感温度が下がるので、5m/秒の風が吹いていれば体感温度は0℃前後。ご来光を待つときは1日の最低気温帯となることが多く、マイナスになる場合も珍しくない。低体温症には十分気をつけたい。最低でも下着は木綿製を避け、速乾性の化学繊維のものを着るべきだろう。

ガスが湧いてくると気温は急激に下がる

富士山の風

富士山山頂は、風速日本一の記録を持っている。その最大瞬間風速は毎秒91m。昭和41年（1966）9月25日、台風26号の暴風雨によるものだ。また、昭和17年（1942）4月5日にはやはり富士山山頂で、低気圧による最大風速毎秒72.5mを記録していて、こちらも日本一となっている。（「最大瞬間風速」は瞬間的な風の強さ。「最大風速」は10分間の計測のなかでの最大値のこと）

とはいえ、富士山の風が年中強いというわけではなく、強風が吹きまくるのは、夏なら台風が日本に接近しているときや強い低気圧の通過時くらい。だが、前述したように風は体温を奪う。富士山の登山ルートには風を遮る樹林もほとんどない。徹底的に風にさらされる地形だ。夜間や雨天時などの登山では、体温を奪われないことに全力を注ぎたい。

特に雨と風が同時にやってくる天気のときは気象遭難に注意が必要だ。夏のアルプスなどで低体温症に陥るのもこうした状況のときが多く、風と濡れによる体温低下を防ぐためにもウエアの選択を重視したい。そして何より天気が悪化傾向にある際は登山を中止すべきだ。

風の影響で一方にだけ枝が伸びた樹木

笠雲が現れる時はたいてい強風が吹き荒れている

富士山山頂から雲海を見下ろす

富士山の雷

富士山の雷が他のエリアの山と比べて特別多いわけではないが、山小屋以外に避難できる場所がほとんどないため、雷に遭遇しないよう気象情報に注意する必要がある。天気予報の雷情報や気象庁ホームページのレーダー・ナウキャストなどで事前情報を収集しておきたい。

雷は昼過ぎから発生しやすく、雹（ひょう）や豪雨を伴うことが多い。雷が上からではなく横に走ることもある。過去には落雷による遭難死も起きているので、行動はできるだけ早く切り上げ、積乱雲の発達や遠雷があるときは小屋で待機するべきだろう。直近の天気予報で雷注意報が出たときは3日前後、続くことが多いので、その点も念頭に入れて行動したい。

積乱雲が崩れ、黒くなってきたら雷雨に注意

高山では雷が横に走ることもある

富士山は活火山

富士山は現在も火山活動を続ける活火山だ。噴火警戒レベルは「1」（2024年3月現在）で、噴火の兆候は認められない状態が続いているが、いつ噴火活動が始まるかは予測がつかない。気象庁ホームページの「火山登山者向けの情報提供ページ」は常にチェックしておきたい。

山腹の火口は宝永大噴火（1707年）で生まれたもの

本書の使い方

本書は、富士山および山麓のコース、そして周辺の山々を楽しく安全に登るためのガイドブックです。富士登山の場合、夏に登ることを前提に、山麓や周辺の山々は通年登山を前提に記載しています。なお、富士山はけっして楽に登れる山ではありません。単独行は避け、万全の準備でお出かけください。

本書の構成とご注意

本書は、「富士登山基本ガイダンス」から「富士登山4大ルート詳細ガイド」「富士登山の基礎知識」「富士山周辺トレッキング」「富士を眺める山歩き」「富士登山インフォメーション」などで構成されています。

富士山に登ろうと決めたらまず「富士登山の基礎知識」でほかの山とは異なる富士山ならではの特徴を知り、その後に「富士登山基本ガイダンス」や「富士登山4大ルート詳細ガイド」から登山ルートの概要とアクセスなどのポイントをつかむことをおすすめします。

「富士山周辺トレッキング」と「富士を眺める山歩き」は富士山麓やその周辺の山々の、富士山を感じることのできるコースを紹介しています。3000mを超す富士山を登るには、それなりの体力や経験が必要ですが、ここで紹介した山々を歩いて経験を積み、体力を養うことで、自信を持って富士登山に臨めるはずです。
※本書で表記した富士登山のコースタイムは、高度による体調への影響や登山道の混雑具合、天気などにより大きく異なってきます。登山の際は、その点にぜひご留意ください。

富士山以外のガイドについて

・コースタイム　歩行時間に休憩時間は含みません。気象条件や登山道の状況、個人の体力や経験によって大きく変わってきます。記載している歩行時間はあくまでも目安にし、余裕のある計画を立ててください。
・シーズン　登山の適期を記載しました。その年の天候によって前後する場合があります。

・グレード　次の基準によって設定しています。

入門者向き……難易度が体力・技術とも★
初級者向き……難易度が体力・技術とも★★以下
中級者向き……難易度が体力・技術とも★★★以下
（標高・標高差等を加味し総合的に判断しています）
体力
★………歩行4時間未満のコース
★★……歩行4〜6時間程度のコース
★★★…歩行6時間以上のコース
技術
★………景勝地などの整備された遊歩道や散策路
★★……道標が整備され、難所のない一般登山道
★★★…小規模なガレ場や岩場などがあるコース

地図について

本書の地図は国土地理院発行の地形図をもとに制作していますが、実際の登山では国土地理院の2万5000分の1地形図の携行をおすすめします。地図上のコースや情報は変更されることもありますので、事前に最新情報をご確認ください。

地図記号の凡例

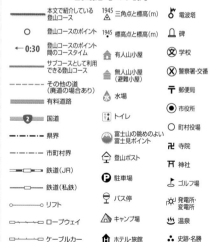

記号	説明	記号	説明	記号	説明
━━━	本文で紹介している登山コース	△1945	三角点と標高(m)	⚲	電波塔
○	登山コースのポイント	・1945	標高点と標高(m)	🜊	碑
←0:30	登山コースのポイント間のコースタイム	🏠	有人山小屋	🏫	学校
━━━	サブコースとして利用できる登山道	🏠	無人山小屋（避難小屋）	✕	警察署・交番
-----	その他の道（廃道の場合あり）	水	水場	〒	郵便局
━━━	有料道路	🚻	トイレ	◎	市役所
2	国道	🗻	富士山の眺めのよい富士見ポイント	○	町村役場
-----	県界	🏕	登山ポスト	卍	寺院
-----	市町村界	Ｐ	駐車場	卂	神社
━━━	鉄道(JR)	🚏	バス停	⚐	ゴルフ場
━━━	鉄道(私鉄)	△	キャンプ場	☼	発電所・変電所
○━○	リフト	🏨	ホテル・旅館	♨	温泉
○━○	ロープウェイ			⛬	史跡・名勝
○━○	ケーブルカー				

※富士登山に関する地図記号の凡例は付録のマップをご覧ください。なお、本文の富士登山地図は、登路が赤、下山路は青で表示しています。

13

登山ルートの選び方とアドバイス

富士山頂への登山道は山梨県側の吉田、静岡県側の須走、富士宮、御殿場の4ルート。
日本最高峰の富士山の登頂を成功させるには、自分に合ったルート選びと、
無理のないプランニングがカギとなる。
では、どうやってルートを選んだらいいのか？　4ルートの違いは何なのか？
ルートを選ぶ前に、各ルートの特徴を知っておこう。※各ルートの詳細はP28〜参照。

ルート選びのポイント

人気の吉田と富士宮の2ルートは初めての富士登山向き

　初めての富士登山に向いたルートといえば、アクセスもよく山小屋数が4ルート中で最も多い吉田ルート。山小屋は、宿泊先としてだけでなく、緊急避難所としての役割も果たす心強い存在だ。同じくアクセスがよく、富士山の最高点・剣ヶ峰への最短路である富士宮ルートも初めて向きだ。両ルートとも最盛期に医師が常駐する救護所を備えているので、もしもの時の安心感も高い。

　吉田ルートは、鉄道では富士急行線・中央本線、車では中央自動車道利用で都心からのアクセスがよく、関東圏を中心とした登山者が多い。いっぽう、東海道本線や東名高速道路側に位置する富士宮ルートは、東海地方や関西圏からアプローチしやすい。

富士宮ルート山頂からは、最高点の剣ヶ峰が至近

少しでも混雑緩和を期待するなら下部の緑も楽しい須走ルート

　五合目から六合目付近まで、樹林や低灌木の緑を楽しめ、かつ富士山ならではのスピーディで爽快な下山道、「砂走り」を有するのが須走ルート。

　富士登山の面白味がバランスよく盛り込まれた好ルートだが、吉田・富士宮の2ル

山小屋がまるで要塞のように連なる吉田ルート七合目

ートと比較すると登山起点の標高が300〜400m低い。これはつまり登りが１時間程長くなるということ。長距離を歩く体力と計画立案ができれば、吉田ルートに合流するまでは比較的空いているので、初めての富士登山ルートとしてもすすめられる。

　初めての富士登山であれば吉田、富士宮に須走を加えた３ルートからチョイスするのが無難だろう。

他ルートに比べ森林限界が高い須走ルート（新六合目へ）

中級から健脚、富士山再訪向き
じっくり登山の御殿場ルート

　登下降の高度差や距離、コースタイムが前出の３ルートと比べて突出して長いのが御殿場ルートだ。山小屋の数も少ないので、悪天候時や体調不良時を考えると、富士登山に慣れていない人には厳しい。

　しかし、山頂に立った時の充足感と、富士山の大きさを真に実感できるのが御殿場ルートの魅力だ。富士登山ならではの醍醐味といえる大砂走り下山道の存在が、御殿場ルートの価値を高めている。登りの労苦に反し、足への衝撃も少なくスピーディな下山が可能で、下山の所要時間は他ルートとさほど変わらない。将来的にはぜひとも登ってみたい魅力的な富士登山道だ。しか

も、これまで登山口近くの山小屋（標高1480m）から先は七合四勺（標高3090m）まで山小屋がなかったが、新六合目（標高2590m）で新たな山小屋が営業を始めたことで、健脚者でなくてもよりスケジュールが組みやすくなった。

下山道としておもしろい御殿場ルート
短縮路として人気のプリンスルート

　御殿場ルートに魅力を感じつつも日程や体力に不安がある人は、下山だけを御殿場ルートにとり、大砂走りを味わうのもおすすめ。下り着いた御殿場口新五合目からは、富士宮口五合目へのバス路線上にある水ヶ塚公園行きのバス便がある。水ヶ塚公園はマイカー規制時のシャトルバスやタクシーの乗換駐車場でもあり、マイカー利用の場合には、富士宮ルートとの相性がよい。

　御殿場ルートへの短縮路として人気の高いプリンスルートは、富士宮口五合目を起点に六合目から宝永第一火口〜宝永山馬の背を越えて御殿場ルートへと横断、同ルートをたどるというもの。

　登山者がさほど多くなく、宝永火口越えや大砂走り下山など、変化に富んだルートのため、近年はこれをたどる登山者も多くなっている（コース概要はP58〜59参照）。

御殿場口新五合目付近から仰ぐ富士山頂

ご来光を楽しむためのルート選び

　富士登山の楽しみに、山上で迎える日の出、「ご来光」をあげる人は多い。ご来光時間にあわせて、ヘッドランプの灯りを頼りに、夜間や夜明け前の登山が行われているのも富士山ならではの特異な風景だ。

　山頂部であれば各ルートの山頂付近でご来光が拝めるが、登山ルート上となると、

山小屋のテラスにてご来光を待つ登山者（御殿場ルート）

東面に位置するルートがいい。吉田ルートの場合は、六合目以上であればどの位置でも可。真東に位置する須走ルートは、五合目から六合目付近を覆う樹林から低木帯を抜ければどこからでもご来光が仰げる。

　同じく東寄りに位置する御殿場ルートも、標高1440mの新五合目付近から開放的な火山荒原が広がり、ご来光には恵まれている。ただし八合目から山頂間のルートは、大きな窪み状をたどることになるので、ご来光ポイントとはいえない。

　南面に位置する富士宮ルートは、ご来光に関してはやや不利だ。時期によっても異なるが、ご来光の楽しみは新七合目付近から九合五勺くらいまで。山頂直下は東側の山稜に遮られる。富士宮口山頂であれば、駒ヶ岳付近がご来光ポイントだ。

マイカー登山とマイカー規制

　各ルートの登山口となる五合目、新五合目には無料駐車場が完備されている。だが、近年の富士登山シーズン中の五合目周辺の観光客の増加と登山者の集中による渋滞緩和、そして自然環境の保全を目的に、マイカー規制が強化されている。現在、富士スバルライン五合目、富士宮、須走の3登山

乗換え地のひとつ、水ヶ塚公園駐車場（富士宮口）

口で、ほぼ開山期間に準じて規制が実施されている。

　対象となる道路は、吉田ルートが富士スバルライン、富士宮ルートが富士山スカイライン、須走ルートがふじあざみラインで、いずれも五合目まで規制される。規制期間は例年、7月10日前後〜9月10日前後の約2カ月間となっている。（P150参照）。

　唯一、マイカー規制が実施されないのが御殿場口。登山道が他ルートよりも空いており、またマイカー規制を避けるためか、近年、登山者数が増加の傾向にある。

　「マイカー規制」というと、山麓駐車場でのシャトルバス乗換えはじめ、面倒で窮屈な決まり事の印象が強いが、五合目付近

の駐車場渋滞や駐車場探しのロスがないばかりか、意外に山行計画の自由度も高い。

たとえば吉田ルートを登山後、余力があれば六合目から馬返〜中の茶屋へ続く吉田口登山道の下部や、精進口登山道へと下山の足を延ばしたりもできる。富士宮ルートの登山と御殿場ルート下山の組み合わせや、富士宮口五合目から下部に広がる富士山自然休養林に設定されたハイキングコースをあわせ楽しむことも可能だ。

登山前に山梨・静岡両県の新しい取り組みをチェック

世界文化遺産への登録以降、静岡・山梨両県では「富士山保全協力金」（一人1000円）の任意徴収を行ってきたが、2024年から、協力金は現状のままに新たな取り組みが実施される。その概要を紹介しよう。

【山梨県】全登山者の60％前後が集中する吉田ルートの渋滞解消や弾丸登山への対策とその原資として、県の新条例に基づいた以下のルールが制定された。

① 16時〜翌3時は入山ゲートを閉鎖。

② 1日あたりの登山者を4000人に制限（①と②については山小屋宿泊者は除外）。

③ 新たな通行料2000円の徴収（義務）。

登山者は通行制限に加え、通行料2000円

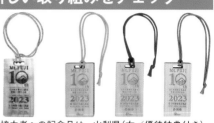

協力者への記念品は、山梨県（左／優待特典付き）、静岡県（右3点）とも特製木札（2023年のデザイン）

＋任意の協力金1000円の最大3000円を支払う。期間は7月1日〜9月10日予定。

【静岡県】須走・御殿場・富士宮3ルートの五合目などで、協力金のみの任意徴収を継続。また、WEB登録システムを活用し、16時以降は現地で山小屋宿泊予約の有無などを確認。期間は7月10日〜9月10日予定。

富士山中における携帯電話の利用術

携帯電話会社やエリアによって異なるが、富士登山シーズン中は、携帯電話の通信サービスが提供される。

NTTドコモは山開きの期間中、4大ルートの登山道や山小屋、山頂（剣ヶ峰）を高速データ通信規格5Gも含め、おおむねサービスエリア内としてカバー。

ソフトバンクも開山期間中、富士山頂に臨時基地局が設置される。

au（KDDI）は、富士山の全ルート、および山頂付近を中心に5G、4GLTEエリアを展開している。

富士山の登山道では、遭難などの救助要請に備え、案内標識のなかに携帯電話のアイコンと現在地番号が記されている。例えば、富士宮ルートなら「F-000」といった具合。ちなみに御殿場は「G」、須走は「S」、吉田は「Y」で表記される。万が一の場合は、これで自分の現在位置、どこに要救助者がいるのかを知らせることができる。もちろん安易な救助要請は避けるべきだ。吉田ルートの場合、山梨県富士山五合目総合管理センターの電話番号の入った標識がある。電波状況は各社ごとのエリア状況や環境により異なるので、過信は禁物だ。

山小屋では携帯電話の電源を切っておくのはマナー。登山中もバッテリーの消耗を防ぐために不要な電源は切っておこう。

富士登山のモデルプラン（吉田ルートを想定）

夏の2カ月余りの間に富士山山頂を目指す登山者は、年齢性別、山歩きの経験の有無など千差万別だ。だが、山頂への最短路である富士宮ルートでさえ剣ヶ峰までの標高差は約1400m。「富士山入門者向き」といわれる吉田ルートでは、標高差約1500m

もある。その行程の半分は標高3000m以上での登下降となり、体力面はもちろん、高度の影響や厳しい気象条件を考えあわせると、富士登山は簡単ではない。それだけに、より安全で快適な富士登山を楽しむためには、プランニングが重要になってくる。体力や登山経験などに加え、プランニングには以下の要素を考慮したい。

● 登山自体に費やせる時間
→日帰りか2日行程か、など。
● 自宅から登山口（五合目）への交通
→登山開始が何時になるのか。
● 夜間登山の可否とご来光へのこだわり
→ご来光をどこで迎えるか。

P19からは吉田ルートを想定した5つのモデルプランを紹介。これを参考に、自分に適したプランを考えよう。

日の出時間帯の吉田ルート山頂直下の混雑

富士登山ツアーへの参加も選択肢に

毎年20万人前後が山頂を目指す富士山だが、その標高や気象の厳しさなどに不安を感じる人も多いはず。そんな人は富士登山ツアーに参加してみるのもいいかもしれない。

ガイドや添乗員が同行するだけでなく、アクセスや山小屋宿泊の手配は不要。装備のレンタルもある。ツアー形態も、ご来光を目指すツアーや女性向けツアー、おひとりさまツアー、格安ツアーなどさまざまで、下山後の温泉がセットになっているツアーもある。興味があればインターネットなどで好みのツアーを探してみるといい。ただし、ツアーだけに、行動はある程度制限されることを知っておこう（P66も参照）。

モデルプラン❶ 山頂でご来光を迎えるベーシックプラン

🏠 山小屋泊まり1泊2日①

1日目 登山口 昼発
2日目 山小屋 深夜発

体力 ★★　高山病リスク 中　睡眠 やや少　夜間登山 あり　ご来光場所 山頂

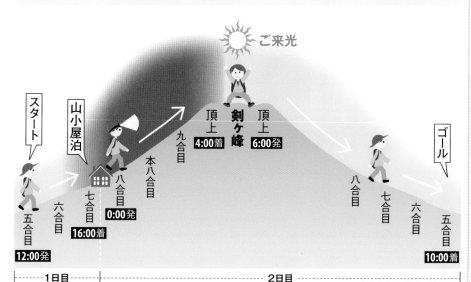

高山病のリスクも考慮しつつ、最低限の日程で、かつご来光は山頂で迎えたいという登山者が利用する、比較的ポピュラーな1泊2日のプラン。

初日の午前中に五合目へ到着し、昼前後から登山を開始。七合目から八合目付近の山小屋で宿泊(仮眠)の後、山頂でのご来光時間にあわせ、未明に山頂を目指す。お鉢巡りの後に下山に移っても、昼前後には五合目に帰着できるはずだ。

宿泊先の設定は、五合目を出発する時間(＝初日の登山時間)と、翌未明の山小屋～山頂間の残り行程とのバランスを考えて決定しよう。初日の五合目発は昼前後といわず、早ければ早いほど行程に余裕ができ、

より多くの睡眠時間を確保できる。

このプランの利点は、首都圏や近隣の各県からであれば、行き帰りの交通を含め2日で山行が完結するコンパクトさにある。富士登山のバスツアーでも、この行程を採用するものが多い。雲が湧きにくく大気の透明度も高い早朝にお鉢めぐりが可能なことも魅力だ。

難点は、山頂への登りがヘッドランプ頼りの夜間登山となること。気温は低く、足もとは不安定で、昼間の登高に比べると疲れやすい。特に週末は山頂直下の渋滞も想定されるので、山歩きに不慣れな人、山頂でのご来光にこだわらない人であれば、日中登山の1泊2日(P20参照)をすすめたい。

🏠 山小屋泊まり1泊2日②

1日目 登山口 昼発
2日目 山小屋 朝発

体力 ★★ 高山病リスク 小〜中 睡眠 十分 夜間登山 なし ご来光場所 山小屋前（またはルート上）

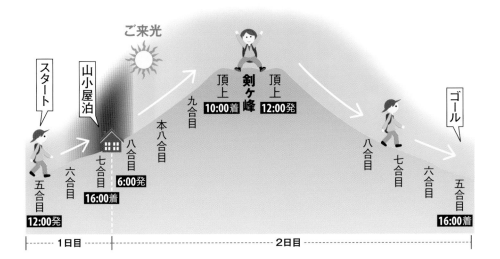

吉田ルート六合目以上をはじめ、東面に位置する須走、御殿場ルートであれば、ルート上ばかりでなく、山小屋の前からであってもご来光が楽しめる。山頂でのご来光にこだわらないのであれば、夜間登山の寒さや煩雑さを避け、十分な睡眠で疲労回復を図った後、山頂への最終行程は日の出後の日中登山がおすすめ。

1日目の行程はP19モデルプラン①、「山小屋泊まり1泊2日」と同様、昼前後に五合目から登山を開始し、七合目から八合目あたりの山小屋泊。翌朝は、山頂でのご来光時間に合わせて深夜に出発する登山者を尻目に、しっかりと睡眠をとる。ご来光を山小屋の前で仰ぎ、朝食をすませた後、次

第に暖かさを増す朝日を背に受けて山頂を目指す。天候が許せばお鉢巡りで山頂を一周し、昼くらいに下山を開始。無理せずゆっくり下っても、16時くらいには五合目に戻り着くことができるだろう。

雲が湧きにくい早朝の時間帯に展望やお鉢巡りを楽しみたいのであれば、2日目の朝は、日の出の1時間ほど前に山小屋を出発し、ルート上でご来光を迎えるのも手だ。この時間帯であれば、山頂直下の渋滞もある程度は緩和されている。

なお山小屋到着時の宿泊手続きの際、日の出後の出発を告げることにより、深夜出発組とは別に、ゆっくり睡眠がとれる場所に布団をとってくれる山小屋も多い。

モデルプラン❸ ゆったり3日行程で山頂ご来光登山

🏠 山小屋泊まり2泊3日

1日目 登山口 昼 発
2日目 山小屋 朝 発
3日目 山小屋 朝 発

体力 ★ 高山病リスク 小〜中 睡眠 十分 夜間登山 なし ご来光場所 山小屋前、山頂

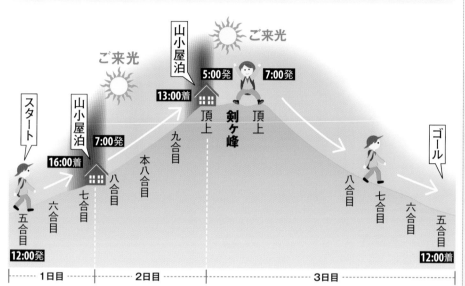

睡眠も十分にとることができ、1日の行動時間も無理のない範囲で抑えながら山頂に迫る3日行程のプラン。

夜間登山は避け、余裕のある行程で登りたい人、山頂でのご来光にこだわりながらも、高山病のリスクも減らして登頂したい人向きだ。山頂泊による高度の影響には注意が必要だが、ゆっくり時間をかけて登ることにより、体が高度に順応しやすい。

1日目。五合目からの登山開始が昼頃とすると、ウォーミングアップも兼ねて七〜八合目くらいまで登って1泊。しっかり睡眠をとった2日目は、山小屋の朝食をすませてから出発。日中いっぱいを使って山頂に立ち、山頂の山小屋泊。翌朝、山頂でご来光を迎えた後にお鉢を巡り、下山の途につく。山頂泊による高山病のリスクを減らしたければ、山頂に泊まらずに登り行程でもう1泊とするか、2日目に山頂を踏んだ後、下山途上の本八合目などで1泊を加えてもいい。

2日目の宿泊を下山道と連絡する本八合目や八合五勺などの山小屋に設定すれば、不要な荷を預けて山頂に向かい、帰路に立ち寄って回収することも可能だ。天候や体調、登高ペースにより、登頂日を2日目にするか3日目にするかを調整することもできる。しかし、山中に長居をするので、悪天候につかまるリスクもある。登山期間中の天候推移にも十分に注意したい。

21

🏠 前夜泊日帰り登山

1日目 登山口 午後発
2日目 山小屋 未明発

体力 ★★★ 高山病リスク やや大 睡眠 十分 夜間登山 あり ご来光場所 ルート上

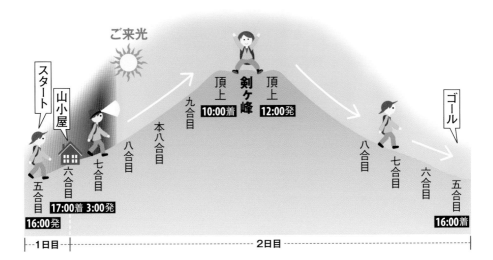

登山自体は日帰りの行程だが、体の負担を減らして山頂に立つために、前日の夕方に登山口である富士スバルライン五合目や、吉田口登山道五合目〜六合目付近の山小屋で前泊するプラン。

翌未明に山小屋を出発して頂上を往復する。八合目付近でご来光を迎えた後、大気も澄んで日差しも暖かい朝方に胸突き八丁の登りをこなして山頂へ。お鉢を巡って12時ごろに下山にかかれば、16時前後には五合目に下り着くことが可能だ。

登山前日の十分な睡眠と休養の確保だけでなく、標高2300m超での前泊は無理なく高度に体を慣らすことができる。登山行程で、登山者が少なめの時間帯に通過でき

るのもこのプランの大きな利点だ。

山頂でのご来光時間に合わせて夜通し登り続ける、いわゆる「弾丸登山」（右ページ）に比べれば高山病のリスクは低い。しかし、登山が日帰り（1日）行程であることに変わりはなく、山頂往復の長い歩行時間を考えると、体力的なきつさは否めない。荷物の軽量化や無理のないペース配分、疲れ切る前の休憩、水分や食料のこまめな補給が重要になる。

このプランに山頂での1泊を加えれば、山頂でのご来光登山が可能だ。その場合、五〜六合目の前泊地を明るくなってから出発。日中ゆっくりと登り、山頂の山小屋泊。翌朝、ご来光〜お鉢巡りの後に下山する。

富士登山のモデルプラン

モデルプラン❺ 山頂でのご来光に合わせて夜通し登山

日帰り登山（＝弾丸登山。おすすめしません） 登山口 夜発

| 体力 ★★★ | 高山病リスク 大 | 睡眠 なし | 夜間登山 あり | ご来光場所 山頂 |

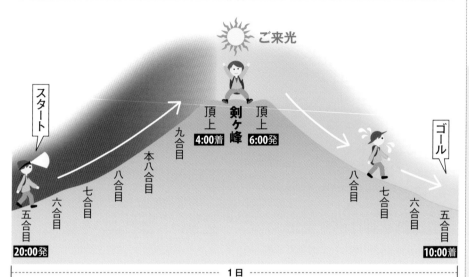

ご来光

スタート
五合目
20:00発
六合目
七合目
八合目
本八合目
九合目
剣ヶ峰
頂上 4:00着
頂上 6:00発
八合目
七合目
六合目
五合目
ゴール
10:00着

1日

　夕方や夜に登山口（五合目）に到着後、山頂でのご来光時間に合わせて夜を徹して登り続け、山頂でご来光を迎えたのちに、そのまま下山してくるもの。

　たとえば8月1日であれば日の出は4時40分頃。その30分前に山頂に着くためには、五合目の登山開始を前夜の20時前後に設定することになる。

　ヘッドランプの灯りを頼りに、ときに夜の寒さに震え、ひたすら単調な夜間登高を続ける。吉田ルートでいえば、剣ヶ峰までの標高差1500m弱を連続行動で往復することになり、体力的にきつく高山病のリスクも高い。夜間登山の眠さと疲労の蓄積に高度の影響が加わり、体調不調や判断力の低下を引き起こしやすく、ケガや事故、高山病による救助要請につながるケースも多々ある。

　前日に十分な休息をとらずに夜通しで山頂を往復するこの登山スタイルは、俗に「弾丸登山」とよばれ、危険なため自粛が呼びかけられている。富士登山者全体の30％以上が、この弾丸登山スタイルだという推計もされているが、山歩き初級者や初めての富士登山者にはすすめられない。

　日程の都合で夜間登山による日帰り行程しか組めなければ、前日はゆったり過ごして体力の温存につとめよう。体調や天候によっては、山頂を諦めて下山する心構えも重要だ。

23

もしもに備える
富士登山のリスクマネジメント

しっかりとした登山装備と計画、登山期間中の天気の把握とともに、
もしもの時の備えや心構えも大切。

ご来光時間の前後は山頂付近で登山者の渋滞も
起こる（吉田ルートにて）

登山計画書は必ず提出

　登山前に必ず提出しておきたいのが登山計画書。万が一、遭難や事故に遭った場合の迅速な捜索や救助活動に不可欠なものだ。また、予定日までに下山しないなど、遭難に気付いてくれる家族や友人などにも登山計画を知らせておこう。

　登山計画書は各ルートの登山口に設置された登山届ポストに投函するか、各ルート所轄の警察署やオンラインで提出。事前に郵送してもいい（P159参照）。

体調の異変は早めに対応

　疲労や高度の影響などで体調が悪くなったり、ケガをした場合は、登山を一時中止しよう。決して、歩けなく（動けなく）なるまで我慢しないこと。この判断は早ければ早いほどいい。不調を感じた

場合は、他の登山者の邪魔にならず、落石や転落の危険がない道脇に腰をおろして様子をみる。症状の改善がみられない場合は、無理をせず即座に下山しよう。

　途中下山に際しては、単独行動は避け、パーティ全員が同一行動をとって下山するのが基本。症状が重篤でなければ、他メンバーが山頂往復する間、山小屋で待機してもいいだろう。

道迷い、道間違いを防ぐ

　ルートに関する資料を持たずに富士登山をする人は意外に多い。ルートごとに色分けされた道標や誘導ロープなど、登山道はよく整備されているが、それでも下山道を間違えたり、ブルドーザー道に入り込んだりといった道間違いや道迷いは後を絶たない。自分が登るルート図は必ず用意し、登山行程を確認しておこう。

　登山口である五合目、新五合目に着いたら、まず登山道の資料ほか最新情報を入手。吉田ルートなら五合目の山梨県富士山総合管理センターや六合目の富士山安全指導センター。富士宮口五合目なら登山道入口に立つ富士山総合指導センター。須走口五合目ではバス停横にある須走口観光案内所。御殿場口新五合目にはトレイルステーションが開設されている。

まめに現在地の確認を

　道迷いや道間違いは、濃霧や悪天候、夜間登山における視界不良に、疲労や注意力の低下が重なると起こりやすい。山小屋での休憩時や顕著な分岐点では、必ず現在位置と進むべき方向を確認し、行程の進捗状況もチェックしよう。

　路面状況が一変して悪くなり、他の登山者の姿が見えなくなったら、道迷いのサイン。こんなときは安易に先に進まず、正しいと分かる地点まで戻るのが鉄則。

　富士登山道における道間違いの名所が、吉田・須走ルート下山時の八合目・下江戸屋分岐点。下江戸屋を左に見て、道なりに右方向へ下るのが須走ルート下山道。吉田ルート下山道は分岐点を左折、下江戸屋の軒先を通って続いている。

　山頂では、お鉢を一周の後に下山ルートを間違える例が多い。とくに富士宮口頂上から剣ヶ峰を経て時計回り（右回り）でお鉢を巡った際に吉田・須走下山道に入り込むケースや、吉田・須走口頂上から反時計回り（左回り）の際に、富士宮や御殿場の下山道に入り込む例が多い。

同行者とはぐれたら

　パーティの分割や単独行動を避けるのは登山の原則。しかし、ご来光時間を控えた未明の頂上直下などでは、ヘッドランプ頼りの登高と混雑で、パーティが離ればなれになることもある。そんなケースに備え、あらかじめ合流場所や携帯電話での連絡方法などを取り決めておくといいだろう。

緊急時の対処・連絡方法

　吉田ルート七合目と八合目、富士宮ルート八合目に24時間体制の救護所があり、体調不良やケガをした場合には応急手当を受けられる（救護所ごとに開設期間が異なるので事前に確認を）。

　その他の登山ルート上で支援や救助が必要となった場合は、最寄りの山小屋に相談するか、110番または119番に通報を。通報の際には、標識の地点番号で位置を連絡することもできる（P17コラム参照）。吉田ルートであれば、山梨県富士山五合目総合管理センター、六合目にある富士山安全指導センター、富士宮ルートであれば五合目の富士山総合指導センターへの連絡も可能だ。

救護センター　　　　　7月中旬〜8月下旬

● 山梨県富士山七合目救護所　　　☎なし
　　　　　　　　　　　　　　（吉田ルート七合目）

● 八合目富士吉田救護所
　　　☎0555-22-1947（吉田ルート太子館内）

● 富士山衛生センター
　　　☎090-2346-2238（富士宮ルート八合目）

現地緊急連絡先

● 山梨県富士山五合目総合管理センター
☎090-5190-0167（7月上〜9月上旬・吉田ルート五合目）

● 富士山安全指導センター（7月上〜9月上旬）
　　　☎0555-24-6223（吉田ルート六合目）

● 富士山総合指導センター（7月上〜9月上旬）
　　　☎090-2182-2239（富士宮ルート五合目）

警察署

● 富士吉田警察署　　　　　☎0555-22-0110
● 富士宮警察署　　　　　　☎0544-23-0110
● 富士警察署　　　　　　　☎0545-51-0110
● 御殿場警察署（小山町も）☎0550-84-0110

医療機関

● 富士吉田市立病院　　　　☎0555-22-4111
● 富士宮市救急医療センター☎0544-24-9999
● 富士市救急医療センター　☎0545-51-0099
● 御殿場市救急医療センター☎0550-83-1111

山小屋からのアドバイス >>> 谷丸宣吉・吉田ルート七合目「富士一館」支配人

吉田ルート七合目に立つ富士一館

夜間登山は高山病に気をつけたい

「富士山は独立した高峰のため、気象変化は激しいといえます。最も怖い雷でいうと2023年の夏は15回前後。登山期間の約2カ月間のことですから、1週間に1～2回の頻度で発生しています。特に台風が接近しつつあるときは要注意です。山梨県と静岡県の雷注意報は常にチェックしてほしいですね。

もし雷に遭遇したときのことですが、雷が聞こえたらとにかく近くの山小屋に逃げ込んでください。ルート上には身を隠す場所がないことを認識し、積乱雲が大きく発達したら山小屋のそばにいるといった慎重さがほしいです。登山者のみなさんを観察していると、雷に無頓着な人が意外と多いことに驚かされます。

登山される方は強風も心配されることと思いますが、夏に限っていえば、台風のとき以外はそう強くないです。ただ、低気圧の接近などで強風状態になることは当然あり、そのときは4～8時間吹き続けることが多いです。もし突然の強風に遭遇したら、とにかく登山道の山側を歩くようにし、突風のときは岩につかまったりしゃがんだりして倒れないようにやり過ごすことが大切です。

また、睡眠不足の影響もあってか、夜間登山で高山病に苦しむ人を多く見かけます。高山病は標高3000mを超えた八合目から急激に増えるようなので、高所での飲酒は控え、睡眠不足で登山をすることになる夜行バス利用の場合は、とにかくゆっくり登って、十分に水分をとってほしいと思います」

INFORMATION

役立つ情報サイト ※天気情報のサイトについては、P87参照

富士山五合目観光協会
吉田ルート五合目の富士山情報に特化したサイト。ライブカメラあり。富士登山のハウツーやアクセス情報なども詳しい。
http://www.fujiyama5.jp/

御来光館
吉田ルートの八合五勺に立つ御来光館では、夏期間を中心に、毎日の天気、気温、風速を当日の写真とともに紹介。
https://www.goraikoukan.jp/today/

国立天文台暦計算室
ご来光や朝夕の影富士を見るための日の出・日の入り情報を収集できる。時刻は麓の甲府市、静岡市のもの。山頂からのご来光はそれより早いので注意を。
https://eco.mtk.nao.ac.jp/koyomi/

富士登山
4大ルート詳細ガイド

富士山頂を目指す登山ルートは4つ。
お鉢巡りを加えた5つのルートの特徴をつかんで、
自分に合ったルートを選ぼう。

※本文、高低図、地図中にある標高値は、
国土地理院の地形図やGPSデータ等を参考に算出した概数です。

最も登山者の多い人気ルート
アクセスが便利で山小屋も充実

○ ルートカラー／黄 ○

吉田ルート（→P32）

山頂に向け、朝の吉田ルートを登る

富士登山者の60％ほどが利用する人気ルート。河口湖駅から富士スバルライン五合目（富士山五合目バス停）へのバス便も多く、新宿から五合目への直通バスの運行もあり（P146参照）、交通アクセスのよさは群を抜いている。山小屋の数も4大ルート中では最多で、収容力の大きい山小屋も多いが、それでも夏休み期間の週末やお盆を中心に山小屋は混雑し、登山道は渋滞する。

ルートは、富士スバルライン五合目から河口湖口（船津口）登山道を行き、六合目で馬返からの吉田口登山道に入る。さらに本八合目で須走ルートと合流して山頂を目指すもの。下山時は八合目で須走ルートと分かれ、吉田ルート下山道へ。この八合目の分岐では、必ず道標を確認しよう。

富士スバルライン五合目 ➡ 剣ヶ峰	
標 高 差	1471m
距　　離	約16km
登　　り	7時間
下　　り	4時間20分
登山者数	13万7236人

富士山を真東から登るルート
樹林帯と砂走り下山を楽しむ

● ルートカラー／赤 ●

須走ルート（→P40）

本七合目の見晴館下、下山専用道の分岐点

富士山頂に向かってほぼ真東から登るルートで、かつては東口、東表口とよばれた。登山口の須走口五合目の標高は1970m。吉田、富士宮の各ルートに比べ300〜400mほど低いものの、距離では富士宮ルートについで二番目に短い。森林限界が2700m圏の本六合目付近と高いために、下部は樹林から低木帯を抜けていく。砂礫地ばかりでなく、樹林帯の植物も楽しめる。

各合目ごとに山小屋が立つので、行程を組みやすい。吉田ルート合流の本八合目から山頂（久須志神社）の間は、混雑を覚悟しなければならない。下山には七合目から砂走り道を行く。御殿場ルートの大砂走りに比べると、露岩混じりの砂走りだが、足にやさしくスピーディな下山が可能だ。

須走口五合目 ➡ 剣ヶ峰	
標 高 差	1806m
距　　離	約16km
登　　り	6時間
下　　り	3時間25分
登山者数	1万9062人

※データ内の距離・時間は、各ルートの頂上からお鉢巡り（時計回り）を含んだもの、
登山者数は環境省による2023年7月1日（静岡県側は7月10日）〜9月10日までの登山者数調査によるものです。

五合目は４大ルート中最高所
一直線の登高が続く最短ルート

● ルートカラー／青 ●

富士宮ルート（→P46）

登り下りで唯一、同じ道を歩く富士宮ルート

　吉田ルートについで登山者を集める。登山起点となる五合目の標高は2380mで、吉田ルートの五合目に比べて80mほど高い。登り着いた山頂火口縁から剣ヶ峰までは所要約20分と至近距離にあり、富士山頂までの最短路となる。東海道新幹線や東名高速道路からのアクセスのよさから、東海や関西方面からの登山者に人気がある。

　五合目から右斜めに登り始める登山道は、六合目から太平洋を背にして直線的に高度を上げていく。山小屋は各合目ごとにあるので、登山のリズムは作りやすい。４大ルート中、唯一、下山専用道をもたないので、往路を戻ることになる。道迷いは防げるが、交互通行により渋滞も発生しがち。時差登山で渋滞を避ける行程も考えたい。

富士宮口五合目 ➡ 剣ヶ峰	
標 高 差	1396m
距 離	約11.1km
登 り	4時間40分
下 り	3時間20分
登山者数	4万9545人

標高差、距離ともに最長
充実感満点のロングルート

● ルートカラー／緑 ●

御殿場ルート（→P52）

長大な御殿場ルートは砂礫の道を歩く

　標高差、距離ともに国内屈指のスケールを誇るロングルート。山小屋は少なめだが、新五合目と七合四勺間の新六合目にある山小屋が復活したので、天気の急変時などの不安は減った。４大ルート中では最も登山者数が少ないが、それだけに落ち着いた富士登山を楽しめる。唯一、マイカー規制がない登山口でもあるためか、近年、登山者数が増加傾向にある。

　御殿場ルートにあって最大の魅力といえば、大砂走りの下山。宝永の大噴火によって覆われた長大な砂礫のスロープは、一歩で２〜３mも下れるほどで、足へのショックも少なく、スピーディかつ豪快な下山行程だ。他ルートを登った後、下山を御殿場ルートにとる登山者も増えている。

御殿場口新五合目 ➡ 剣ヶ峰	
標 高 差	2336m
距 離	約19.7km
登 り	7時間10分
下 り	4時間15分
登山者数	1万5479人

富士登山 4大ルート比較マップ

お鉢巡り

お鉢巡り 一周1時間35分

鳴沢村
白山岳 △3756
釈迦の割石
雷岩(雷ヶ岳)
小内院
金明水
久須志岳(薬師ヶ岳)
3720
扇屋
東京屋(休憩のみ)
山口屋支店(休憩のみ)
山口屋本店
成就岳
3734
久須志神社
吉田・須走ルート
N

第二火口棚
大内院(火口) 3535
伊豆岳(阿弥陀岳)
3749

西安河原
富士宮市
剣ヶ峰 3776
馬ヶ岳
浅間大社奥宮
富士山頂
勢至ヶ窪(荒巻)
朝日岳 3733

虎岩(獅子岩)
富士山頂郵便局
銀明水
東安河原(養ノ河原)

三島岳(文殊ヶ岳)
旧富士山測候所
第一火口棚
駒ヶ岳 3718
頂上銀明館(休業中)
頂上富士館
御殿場ルート

1:14,375
100m

須走ルート

山梨県
富士吉田市
林道滝沢線
林道小富士線

本八合目
新六合目
六合
砂走り(下山道)
長田山荘
吉野屋
砂払五合目
山荘菊屋
東富士山荘
富士山須走口インフォメーションセンター
古御岳神社
須走口五合目
P 200台
須走口五合目

小富士 1979
△1906

富士箱根トレイル
富士山グランドキャニオン
御殿場駅・御殿場IC・須走ICへ
旧馬返し
馬返し
狩休
ふじあざみライン

小山町

須走まぼろしの滝

獅子岳

0:30 1:00 0:30
0:50 0:40 0:35 0:30
1:20 0:55 0:40 0:30

御殿場ルート

蔵坊
新六合目
登山道
大砂走り(下山道)
新五合五勺
須山口下山歩道
ブルドーザー道(下山道) 0:45
登山道
大石茶屋
御殿場口新五合目
御殿場駅・御殿場ICへ
御殿場市
御殿場新五合目
新五合目 P 450台
ハーフマウンテン(売店)

二ツ塚(双子山分岐)
1929 二ツ塚上塚(上双子山)
二ツ塚下塚(下双子山) 1804
四辻

1:00 1:40 1:20
0:10 0:05 0:50 0:30 0:15
0:05

31

登頂ナビ 1 交通・宿泊ともに充実している 人気ナンバーワンのコース

吉田ルート
よしだ

剣ヶ峰頂上			歩行距離	約16km
7時間	登り 下り	4時間20分	標高差	約1471m
富士スバルライン五合目			山小屋の数	18軒(P152参照)

アクセス

●バス
富士急行線富士山駅→富士急バス約1時間5分→富士山五合目
※バスの始発は、すべて富士急行線富士山駅。首都圏などからの直通バスについてはP146参照。

●車
中央自動車道・河口湖IC→富士スバルラインで約30km→富士スバルライン五合目
P330台(マイカー規制中は山麓にP1100台)
※お盆を中心にマイカー規制が行われる。マイカー規制についてはP150参照。

問合せ先

富士吉田市富士山課
☎0555-22-1111
富士河口湖町観光課
☎0555-72-3168
富士急バス本社営業所
☎0555-72-6877

◀富士登山者の60%ほどが登る吉田ルート。最盛期には登山者の列ができる

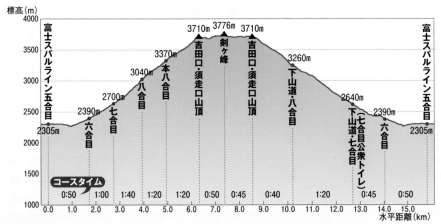

モデルプラン	前日発 1日行程	前日午後(前夜)から登り 6時間10分(+仮眠)	お鉢巡り 1時間35分	午前中の下り 3時間35分
	八合目泊 1泊2日	1日目の登り 3時間30分 / 2日目未明の登り 2時間40分	お鉢巡り 1時間35分	2日目午前中の下り 3時間35分

32 ※コースタイム、歩行距離などは山頂のお鉢巡りを含んだものです。所要時間は各人の体力や体調、休憩の取り方、気象条件によって大きく異なりますので、目安としてご活用ください。スケジュールには余裕を持つことをおすすめします。

静岡県
小山町

山梨県
富士吉田市

鳴沢村

富士河口湖町

富士宮口山頂

御殿場口
山頂

富士山頂上
浅間大社奥宮

剣ヶ峰
3776

ブルドーザー道
兼用下山道

山口屋本店
東京屋(休憩のみ)
扇屋
山口屋支店(休憩のみ)
久須志神社

本八合目
3370m

胸突江戸屋
(上江戸屋)
江戸屋
(下江戸屋)

九合目
3570m

△ 3756
白山岳

吉田口・須走口山頂
3710m

本七合目

八合五勺
御来光館

須走ルート下山道
砂走り

下山道・八合目
3260m

須走ルート登山道

❶須走ルートに
入らないよう注意

本八合目トモエ館
本八合目富士山ホテル

元祖室

白雲荘

天拝宮

七合目

蓬莱館

八合目
3040m

八合目富士吉田救護所

緊急避難石室

太子舘

（
七
合
目
公
衆
ト
イ
レ
）

下
山
道
・
七
合
目

2640m

吉田ルート下山道

富士一館
鎌岩館
七合目トモエ館
日の出館

東洋館
鳥居荘

獅子岩

七合目
2700m

山梨県富士山七合目救護所

花小屋

雲海荘別館穴小屋
(休業中)

六合目
2390m

経ヶ岳
△2386

(夏山シーズン中の仮設)

富士山
安全指導センター

里見平 星観荘

佐藤小屋

林道滝沢線

泉ヶ滝

0:50

0:50 →

富士山雲上閣

富士山みはらし

御
中
道

富士スバルライン

御
庭
へ

河
口
湖
IC
・
富
士
山
駅
へ

五合目

井上小屋
(休業中)

四合五勺

山梨県富士山五合目総合管理センター

富士スバルライン五合目
※売店・レストランあり
2305m

小御岳神社

富士山
五合目

精進口登山道

三合目

馬返へ

N

1:25,000

0　250m　500m

── 登り
── 下り
── サブコース

赤
池
へ

吉田ルート

🚶 五合目 ➡ 六合目 ➡ 七合目

ルートアドバイス！

　都心から直通バスが運行され、アクセスも便利で、富士登山で最も人気のあるコース。4大ルートのなかで山小屋の数も一番多く収容規模も充実。六合目以上であれば、どこからでもご来光を仰ぐことができる。それだけに登山最盛期の混雑には覚悟を。

　登山口の起点は、富士スバルライン五合目。ここから河口湖口（船津口）登山道をたどり六合目へ。六合目から吉田口登山道に入り山頂を目指すのが吉田ルート。下山は須走ルート八合目の下江戸屋の先で須走ルートと分岐するので注意。

Check 1

五合目に着いたら

　富士スバルライン五合目に着いたら、すぐに登らず1時間ほど滞在し、高度に体を慣らすことが重要。高山病の予防にもつながり、登頂の可能性も増すはず。山梨県富士山五合目総合管理センターで、コースの注意点などを聞いておこう。

　そして歩き始める前に必ず行っておきたいのが準備体操。急に激しい動きをするのではなく、ラジオ体操などで、体の筋をゆっくり伸ばしていこう。準備体操を終えたら、靴ひもの締まり具合の確認やウエアの調節なども忘れずに。

吉田のスタート地点になる富士スバルライン五合目。レストハウスや売店が立ち並び、登山者や観光客で賑わう

● 五合目→六合目

　吉田ルートは富士講が盛んだった江戸時代から今日まで、富士山で一番の人気登山道。夏山最盛期には登山者や観光客で賑わう。

　登山口となるのは富士スバルライン五合目（2305m）。ここで1時間ほど滞在して、標高に体を慣らしてから登り始めるようにしよう。

　五合目からは河口湖口登山道のごくゆるやかな道をたどり六合目へ向かう。ウォーミングアップには丁度いい行程だ。登山道沿いの樹林は、昼間の強い日差しを遮ってくれるありがたい存在だ。泉ヶ滝の分岐に到着したら、右斜めの登山道に入る。左手の道を進むと吉田口登山道の本来の五合目があり、里見平 星観荘や富士山中で唯一、通年営業している佐藤小屋に出る。

　六合目（2390m）に着く頃には樹林帯も姿を消してしまう。ここから先は赤茶けた火山礫の荒涼とした大斜面が広がり、いよいよ富士登山らしくなってくる。だが、その前に、日焼け止めクリームを塗り、ウエアの調整をし、水を飲んでひと休み。富士山安全指導センターに寄ってルートマップをもらったり、天候をチェックするのもいいだろう。

泉ヶ滝に着いたら右の登山道へ。直進すると古道の吉田口登山道五合目に行く

五合目を後に平坦で幅広い道を泉ヶ滝に向かって歩き始める

六合目には富士山安全指導センターがある。ルートマップが入手でき、気象情報も得られる

Check 2

トイレ休憩をとろう

六合目には仮設トイレが完備している。本格的な登山コースに入る前に、できればここでトイレ休憩をとっておきたい。チップを払って利用しよう。

七合目の山小屋群を見上げながら、九十九折の道を登っていく

● 六合目→七合目

六合目を出発し、雲海荘別館穴小屋(休業中)を過ぎると、左手から吉田ルートの下山道が合流する。登頂後はこれを下って周回することになる。

六合目から七合目への道は、落石防止柵に沿って、砂礫の道をジグザグに登っていく。見上げる吉田大沢の右岸(左手)には、七合目に立ち並ぶ山小屋が、まるで要塞のように見えている。天候に恵まれれば、急峻な登山道の様子をはっきりと見てとることができるだろう。

次第に傾斜が増し、足元はザラザラとした砂や小石で滑りやすくなってくる。こうした場所こそ歩幅を狭め、小股で靴底を地面にフラットに置くようにして踏みしめて歩こう。つま先で蹴るように足を運んだり、踵から着地するように靴底を置くと、滑りやすく転倒することもある。また、スリップは無駄な体力を使い、疲労の元にもなる。呼吸も無理のないペースを保ち、定期的に休憩をとるようにするといい。

やがて七合目の最下端に位置する花小屋(2700m)に出て、七合目の山小屋群に入る。鎌岩館下には、山梨県の七合目救護所も設けられている。

七合目付近からは岩場が続
く。岩の上はバランスを崩
しやすいので要注意

八合目への道から見下ろす
登山道。ぐっと高度を上げ
てきたことがわかる

Check 3

水分補給は十分に

休憩時間には水分補給を。のどが乾いていなくても、水分はこまめにとるようにしよう。高山病はもちろん、脱水による熱中症を防ぐことにもなるからだ。ミネラルウォーターのほかに、塩分の入った飲料水も補給したい。

Check 4

焦らず呼吸を整える

前方に山小屋が見えてくると、つい急ぎ足になりがちだが、ゆっくりペースで歩くことが重要だ。遅すぎると思うくらいでちょうどいい。歩幅を小さくし、一歩一歩焦らずに歩を進めよう。また、途中では、思い切り息を吐き出し、深く空気を吸う。意識して深呼吸をすると高山病の予防になる。

● 七合目→八合目

標高2700mの七合目・花小屋から最上部2910mにある東洋館までは、山小屋が5〜10分おきに連続して現れ、溶岩のゴツゴツとした岩場を登っていく。

山小屋が見えるとつい気がせいて足取りが早くなりがちだが、こういうときこそペースを守り、歩幅も狭めて、標高に体を慣らしながらゆっくりと登りたい。ペース配分は体力の温存だけでなく、高山病予防にも効果がある。急いで登ると高山病のリスクも高くなる。山小屋の前の階段も同様に、焦らずに登ろう。

岩尾根が続くなか、ときには富士山屈指の急傾斜となるクサリ場も出てくる。クサリには全体重をかけず、補助的に利用して、あくまでも足で登ることが基本だ。また、浮き石に乗ったり触れたりするのも注意。バランスを崩して転倒の危険もあるからだ。岩に乗ったり、つかんだりするときは、安定しているかどうかを確認しよう。浮き石は、落石を引き起こす危険も。落石が起きたら「ラーク！」と大声で叫び周囲に知らせて。自分のほうに落ちてきた場合は、目をそらさず、落下点を予測して逃げよう。

本八合目の山小屋を仰ぎながら、荒涼とした景観のなかに延びる登山道を登っていく

八合五勺からはあと少し

いよいよご来光。陽光と空の色が刻々と変化し、見入ってしまうことだろう

Check 5

ご来光を見逃さないで

富士登山の大きな楽しみはご来光。しかし、山頂ばかりが、ご来光を仰ぐポイントではない。七合目から本八合目にかけての山小屋からのほうが、雲がかからずによく見えることもある。時間は午前5時前後が目安。最も気温の低い時間帯でもあるので、防寒対策をしっかりして臨もう。

● 八合目→本八合目

七合目最上部に立つ東洋館を過ぎた先の八合目からは眺めがより雄大になる一方、空気は格段に薄くなる。

標高は3000mを超し、八合目（3040m）に立つ太子舘あたりからは高山病の症状が出てくる人が増え、登山がきつくなってくる。

ゆっくり登る、休憩をとる、水分補給をこまめに行う、を

心がけるようにしよう。症状が進行する場合は、登山をあきらめて下山すること。症状の軽減には、標高を下げることがいちばん効果的だ。

八合目も山小屋が連続する。八合目から本八合目へは、七合目付近に比べ斜度が落ちてくるので気分的には楽になるが、ザラザラとした砂礫に足元がとられ、苦しめられるハードル地点。ここでもスリッ

プやすい大股は避け、焦らず小股で登ろう。疲労や標高の影響を受けると、体が思うように動かず、歩き方も雑になりがちだが、山登りは丁寧に登ったほうがずっと楽に、結果として早く登れる。

白雲荘前と元祖室上の2カ所で、下山道へのバイパス道が分岐。もうひと登りすると、須走ルートが合わさる本八合目（3370m）となる。

本八合目 ➡ 吉田口山頂 ➡ 下山道

九合目の鳥居が現れる。
山頂へはもうひと登り

Check 6

お鉢巡りにも挑戦しよう

　吉田口・須走口山頂でも十分に富士山に登頂したといえるが、できれば最高峰の剣ヶ峰も登っておきたい。山頂の噴火口をぐるっと一周するのがお鉢巡り。360度の大展望を楽しみながらトライしよう。コースタイムは約1時間30分。コースの詳細はP60〜63を参照。

登山道脇に鎮座する狛犬を見て最後の鳥居をくぐれば、吉田口・須走口山頂に達する

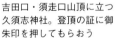

吉田口・須走口山頂に立つ久須志神社。登頂の証に御朱印を押してもらおう

● 本八合目→吉田口山頂

　本八合目は、ちょうど須走ルートと合流するところ。このあたりから「胸突き八丁」の語源ともなった登り坂で最大の難所。再び斜度が増し、ジグザグの道を進んでいく。

　山頂は手に届くほど間近に見えるのに、なかなか近づかない。しかし、焦りは禁物。見た目よりも距離があるうえ、標高の影響も受けて、息も上がり、思うように動けないのがふつう。歩いたり止まったりを繰り返すとかえって疲れるので、最後まで歩き通せるペースを保って進もう。

　また、ここで気をつけたいのが周囲の登山者のこと。

　本八合目から上は道幅が狭い箇所があるため、ピーク時は渋滞して進まないこともある。こうなると自分のペースで歩けなくなり、ますます苦しくもなる。ペースが遅れたら、周囲に迷惑をかけないよう後続に道を譲るよう心がけよう。

　八合五勺、九合目と通過すると、ジグザグの道から露岩の急登に変わり、九合五勺に到達。ここからが最後の踏ん張りどころ。一歩一歩確実に足を進め、鳥居をくぐり、短い石段を登りきれば、久須志（くすし）神社の立つ頂上だ。

須走ルート八合目の下江戸屋の先で吉田ルートと須走の各下山道が分岐するので注意

登りにたどったジグザグ道が眼下に見下ろせる

砂礫のジグザグ道をひたすら下っていく。岩場はなく歩きやすいが、ひざにこたえる

Check 7

下山装備は万全に

下山道は砂ぼこりがもうもうとたってしまう砂礫地の連続。この悪条件に対処するために、下山の前に装備を万全に整えておこう。まず靴に砂が入らないように登山用スパッツを装着。バンダナやマスクを着けて砂ぼこりを吸わないようにし、メガネやサングラス、ゴーグルで目を保護する。

● 吉田口山頂→下山道

久須志神社のある吉田口・須走口山頂は、富士山頂部のなかでもいちばんの賑わいを見せるところ。下山は、久須志神社から左に進み成就岳寄りの小鞍部状から下る下山専用道を利用する。ちょうど下山道に入るところにトイレがあるので、利用しておこう。

富士山は多くの場合、登りと下りの道が分かれている。

これは渋滞を避けるためのほか、落石のリスクにも対処するもの。途中下山でやむを得ない場合を除き、必ず下山は下山道を利用しよう。

本八合目までは大きなジグザグ道を下っていく。その後、須走ルート八合目で須走ルート下山道と分岐するので必ず標識を確認。右方向へ下る須走ルートと別れて左折。八合目・下江戸屋の軒先を通って

吉田ルート下山道に入ると、富士スバルライン五合目まで営業小屋はない。水などが足りない場合は、八合目で補給をしておこう。

七合目までジグザグの道をひたすら下る。途中に無人の緊急避難石室があるほか、標高2640m地点には七合目公衆トイレもある。獅子岩の先からトラバース道になるので、上からの落石に注意しよう。

登頂ナビ **2** 緑豊かな樹林帯と豪快な砂走り、変化に富んだ景観が楽しめる

須走ルート
（すばしり）

剣ヶ峰頂上			
6時間	登り	下り	3時間25分
須走口五合目			

歩行距離　約**16**km

標高差　約**1806**m

山小屋の数　**11**軒（P154参照）

アクセス

●バス
JR御殿場線・御殿場駅→富士急モビリティバス約1時間→須走口五合目　※ほかに、小田急線・新松田駅から富士急湘南バスも運行（約1時間30分）。

●車
東名高速道路・御殿場IC→国道138号→ふじあざみラインで約25km→須走口五合目

Ｐ200台
※マイカー規制中は、ふじあざみライン入口（須走多目的広場）の臨時駐車場を利用し、シャトルバスで須走五合目へ。

問合せ先

小山町観光交流課
☎0550-76-6114
小山町観光協会
☎0550-76-5000
富士急モビリティバス
☎0550-82-1333
富士急湘南バス
☎0465-82-1361

◀六合目付近は視界が広がるゆるやかな砂礫の斜面を歩く。登山道沿いでは、クルマユリなどの高山植物も見られる

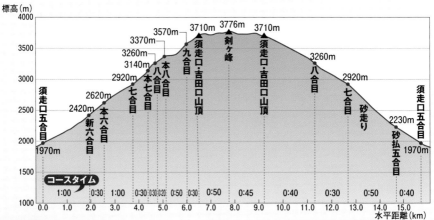

標高（m）

コースタイム

区間	時間
	1:00
	0:30
	1:00
	0:30
	0:30
	0:20
	0:50
	0:30
	0:50
	0:45
	0:40
	0:30
	0:50
	0:40

水平距離（km）

モデルプラン				
前日発1日行程	前日午後（前夜）から登り 5時間10分（＋仮眠）		お鉢巡り 1時間35分	午前中の下り 2時間40分
八合目泊1泊2日	1日目の登り 3時間30分	2日目未明の登り 1時間40分	お鉢巡り 1時間35分	2日目午前中の下り 2時間40分

40

※コースタイム、歩行距離などは山頂のお鉢巡りを含んだものです。所要時間は各人の体力や体調、休憩の取り方、気象条件によって大きく異なりますので、目安としてご活用ください。スケジュールには余裕を持つことをおすすめします。

剣ヶ峰
3776

白山岳
△3756

富士宮口山頂
九合五勺
九合目
富士宮ルート
御殿場ルート
八合目
八合目
3600
御殿場口
山頂
七合九勺
3500
ブルドーザー道
兼下山道
3400
3300
七合目
3200
七合目
3100
六合目
3000
2900
2800
2700
新八合目
2600
2500
2400
2300

山口屋支店(休憩のみ)
富士山頂上
浅間大社奥宮
東京屋
扇屋
(休憩のみ)
山口屋本店

久須志神社

須走口・吉田口山頂
3710m

九合目
3570m
御来光館
八合五勺

0:30
0:30
0:40
0:20

本八合目
3370m

胸突江戸屋(上江戸屋)
江戸屋(下江戸屋)

八合目
3260m

0:20

0:30

見晴館

本七合目
3140m

下山道

0:30

0:30

大陽館

七合目
2920m

砂走り

1:00

廿六夜塔

御胎内

須走ルート下山道

瀬戸館

本六合目
2620m

0:30

長田山荘

新六合目
2420m

吉野屋

0:50

須走ルート登山道

1:00

八合目
八合目
七合目
七合目

吉田ルート登山道

吉田ルート下山道

下山道・七合目
(七合目公衆トイレ)

獅子岩

砂払五合目
2230m

0:40

※滝の出現時期は
例年、5〜6月

須走まぼろしの滝

0:35
0:30

N

1:00

古御岳神社
東富士山荘
山荘
菊屋

須走口五合目

須走口五合目
1970m

小富士
△1979

1:25,000
0   250m   500m

富士山須走口インフォメーションセンター

0:20

須走ルート

登り
下り
サブコース

御殿場駅・須走IC→

五合目にある2軒の山小屋を通り抜け、古御岳神社へ。登山道は神社右側の道からスタート

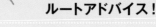

ルートアドバイス！

富士登山道としては珍しく六合目までは緑に覆われた樹林帯の中を進み、下りはダイナミックな砂走りで短時間に下山するという、変化に富んだコース。五合目の標高が低く、距離も長いため、登山者は比較的少なく、静かな登山が楽しめる。

古御岳神社から新六合目へは、シラビソやハンノキ、ダケカンバなどの樹林が主体の登りとなる

新六合目への登山道。視界が開け、山中湖周辺や箱根の山々が背後に広がる

登り始めは下りと同じ登山道をたどる

● 五合目→六合目

須走口は「東口」「東表口」などともよばれた歴史ある登山道。五合目の標高が1970mと吉田口や富士宮口よりも低いぶん、体力は使うものの、ゆっくり登れば高山病のリスクが軽減される。交通の便が圧倒的にいい吉田ルート五合目や、標高が高い富士宮口五合目と比べると登山者数が少なく、登山道は静かで落ち着いて登ることができ、山小屋も空いている。また、五合目から新六合目へは富士山には珍しく、傾斜がゆるやかな樹林帯のなかを歩いていく。

五合目にある2軒の山小屋の前を通り抜け、車止めを越えて登山道に入ると、すぐに古御岳神社がある。ここが標高2000mで、ここから本格的な登山道が始まる。しばらくは針葉樹林のなかを歩いていくため、直射日光を遮ることができ、気持ちよく歩ける。ウォーミングアップを兼ねて、ゆっくり登っていこう。

新六合目（2420m）を通過し、次の本六合目への道は、樹木が低くなり、ところどころ開けた地形になってくる。足元は砂礫、周囲に低木がありゴツゴツして歩きにくい箇所もあるが、一歩一歩丁寧に歩いていこう。

新六合目付近から徐々に砂礫の道になる。写真上の坂を上れば、本六合目の瀬戸館に着く

本六合目を過ぎると森林限界を超え、視界が開けてくる

本六合目・瀬戸館の上は砂礫と岩が混じった急な尾根状の登り坂。途中、廿六夜塔の石碑を見ながら進む

Check 1

富士山の高山植物&動物

須走口五合目付近の樹林帯では、さまざまな動植物が生息しているので、注意して見てみよう。上から、イワヒバリ、ヤマホタルブクロ(花期6〜8月)、フジアザミ(8〜10月)、オンタデ(6〜10月)。

体長20cmほどのイワヒバリ。人に近づいてくることも

白い花をつけるキキョウ科の植物。ホタルブクロの変種

日本国内に咲くアザミのなかで最も大きな花をつける

富士山の高山帯でよく見かけるタデ科の多年草

● 六合目→七合目

六合目周辺は4大ルートのなかでも緑が多く、快適に歩ける道。登山道沿いではムラサキモメンヅルやクルマユリなどの高山植物も咲いているので観察してみよう。

見晴しのいい草原地に立つ本六合目の山小屋・瀬戸館を過ぎると、やがて森林限界を超えたことに気づく。低木しかない荒涼とした大斜面が山頂まで続き、目指す山頂が大きく仰がれる。周辺は高山植物のオンタデが点々と咲いている火山性荒原。登山道の両脇にはロープが張られており、道は明瞭。登山道の外には出ずロープに従って登ろう。

やや傾斜が増してくるので、無理のない歩行ペースで進む。

やがて山小屋跡の石積みがある場所を過ぎると、七合目までは、ジグザグと九十九折の道だ。七合目の標高は2920m。標高の影響を身にしみて感じるころ。

最初からゆっくりとした歩行ペースの人はそれほど苦しまないが、張り切って早足で登っていた人にはツケが回ってくるころだ。イーブンペースを心がけ、コンディション維持に努めよう。七合目にある山小屋・大陽館に向けての登りがひとつの山場となる。

いつしか森林限界を超え、
急峻な岩場をあえぎ登れば、
七合目・大陽館に到着する

本八合目からは、山頂部を仰いで、「胸突き八丁」とよばれる最後の登りにとりかかる

Check 2

道標の確認を

七合目の大陽館と本七合目の見晴館の付近で下山道と合流。標識を確認して間違えないように注意しよう。

本八合目は吉田ルートと合わさるところ。混雑時は登山者が行列をつくる

●七合目→須走口山頂

ジグザグの砂礫の斜面を登った七合目は、砂走りの下山道と交わる地点。七合目を過ぎ、標識に従って右手に登っていくと溶岩流を渡る。ここは富士山が噴火した際に溶岩が流れ出た痕跡。その後、本七合目に向け急坂を登る。

この先は、下山道やブルドーザー道（山小屋の物資や食材の荷揚げほか、急患に対応するために走るブルドーザー用の道）などが複雑に交差しているので登山道を間違えないようにしよう。

足場は細かな砂地。疲れたからといっていい加減に足を置くと、スリップして体力を消耗するので注意を。たとえ疲れていても意識しながら足をフラットに運び、小股で登る。蹴るような動作はしないといった基本を思い出して。

ストックも有効だが、頼り過ぎは禁物。あくまでも足で登ることを基本としよう。

本八合目で吉田ルートからの登山道と合流。ここからは根気強さが勝負の急登。山頂が手に取るように見えるものの、距離はある。ときどき深呼吸して息を整え、焦らずゆっくりと登ろう（詳細はP38参照）。九合目の鳥居を過ぎ、急な石段を登れば山頂だ。

44

本八合目の目印となる白い鳥居。
山頂が手に取るように見えるが、
まだまだがんばりが必要

九合目付近。最後の難関となる急な
坂道を登る。標高も3500mを超え、
疲労の蓄積もあるのでゆっくりと

久須志神社前より吉田ルート・
須走ルート上部を見下ろす

砂走りの下山道は、このルートの醍醐
味。一直線に下る。足首まで砂に埋ま
るので砂対策のスパッツは必需品

八合目では吉田ルー
ト下山道との分
岐点や、七合目の
砂走り下山道分岐
など、分岐点では
標識に注意

● 山頂→下山

　下山は須走ルート八合目の
山小屋・江戸屋（下江戸屋）ま
で吉田ルート下山道と同じ経
路をたどる（P39参照）。江
戸屋前の分岐標識で吉田ルー
ト下山道と分かれ、須走ルー
トは右方向へと下っていく。

　本七合目・見晴館までは、
八合目直下を除き、登山道と
同一ルート。本七合目から下
山専用道に入る。九十九折の

下りで登山道と合流すれば、
すぐ下に七合目・大陽館があ
る。ここからは須走ルートの
ハイライト、砂払五合目まで
の標高差700m余を一気に下
る砂走り道に入っていく。

　大陽館から右へ進み、標識
に従って左折。左右をロープ
で仕切られた砂走りの道幅は、
それほど広くない。足への衝
撃も少なく、ぐいぐいと高度
は下がるが、須走ルートの砂

走りには、砂斜面に岩塊も混
じる。オーバーペースで走り
下ると、転倒や捻挫の原因と
なる。スピードは控えめに。
ただし怖がって腰が引けても
上手に下れない。正しい姿勢
とバランスを心がけよう。

　砂払五合目（2230m）で砂
走りも終わり、樹林の道へ変
わる。ブルドーザー道から登
山道と合流し、古御岳神社を
経て五合目に戻る。

45

富士宮ルート

登頂ナビ3　標高差・距離最短で、由緒ある浅間大社奥宮の待つ頂上へ

剣ヶ峰頂上			歩行距離	約**11.1**km
4時間**40**分 登り / 下り **3**時間**20**分			標高差	約**1396**m
富士宮口五合目			山小屋の数	**8**軒(P154参照)

アクセス

●バス
JR東海道新幹線・新富士駅→富士急静岡バス約2時間10分→富士宮口五合目
※ほかに、JR東海道新幹線・三島駅から富士急シティバスも運行(約2時間10分)。

●車
東名高速道路・御殿場IC→富士山スカイラインで約38km→富士宮口五合目
Ⓟ350台
※マイカー規制中は、水ヶ塚公園駐車場を利用し、シャトルバスやタクシーで富士宮口五合目へ。

問合せ先

富士宮市観光課
☎0544-22-1155
富士宮市観光協会
☎0544-27-5240
静岡県道路企画課
☎054-221-3359
富士急静岡バス鷹岡営業所
☎0545-71-2495
富士急シティバス
☎055-921-5367

◀七合目付近を登る。背後に愛鷹山塊や伊豆半島、駿河湾をひかえ、ぐんぐんと高度を上げていく

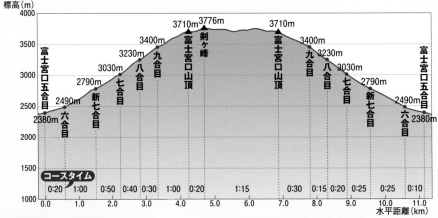

標高(m)

剣ヶ峰 3776m
3710m　　　3710m
富士宮口山頂　　富士宮口山頂
3400m　九合目　　　　九合目　3400m
3230m　八合目　　　　八合目　3230m
3030m　七合目　　　　七合目　3030m
2790m　新七合目　　　新七合目　2790m
2490m　六合目　　　　六合目　2490m
2380m　富士宮口五合目　　富士宮口五合目　2380m

コースタイム
0:20 | 1:00 | 0:50 | 0:40 | 0:30 | 1:00 | 0:20 | 1:15 | 0:30 | 0:15 | 0:20 | 0:25 | 0:25 | 0:10

水平距離(km)
0.0　1.0　2.0　3.0　4.0　5.0　6.0　7.0　8.0　9.0　10.0　11.0

モデルプラン	前日発1日行程	前日午後(前夜)から登り 4時間20分(＋仮眠)		お鉢巡り 1時間35分	午前中の下り 2時間5分
	八合目泊1泊2日	1日目の登り 2時間50分	2日目未明の登り 1時間30分	お鉢巡り 1時間35分	2日目午前中の下り 2時間5分

46　※コースタイム、歩行距離などは山頂のお鉢巡りを含んだものです。所要時間は各人の体力や体調、休憩の取り方、気象条件によって大きく異なりますので、目安としてご活用ください。スケジュールには余裕を持つことをおすすめします。

白山岳
3756△

久須志神社 ⛩
吉田口・須走口山頂
浅間大社奥宮 ⛩
富士山頂上

剣ヶ峰
3776△

富士山頂上
浅間大社奥宮 ⛩
頂上富士館
山頂郵便局

御殿場口山頂
富士宮口山頂
3710m
駒ヶ岳 3718

九合五勺胸突山荘
九合五勺

九合目
萬年雪山荘

九合目
3400m

八合目池田館
富士山衛生センター(救護所)
登山シーズン中の一定期間開設

八合目
3230m

七合九勺
気象庁避難小屋
(一般使用不可)

元祖七合目山口山荘

七合目
3030m

新七合目
御来光山荘

新七合目
2790m

六合目宝永山荘
六合目
雲海荘

富士山総合指導センター

富士宮口五合目
2380m

富士宮口五合目

(仮設)

五合目休憩施設

馬返し

富士山スカイライン

水ヶ塚公園 P
富士宮駅へ

富士山スカイライン〜村山浅間神社へ↙

本八合目

須走口
八合目

九合目

吉田ルート、須走ルート
下山道

須走ルート
下山道

小山町

八合目

七合目

御殿場ルート
登山道

七合目

六合

御殿場ルート
下山道

宝永山・大砂走り分岐

下り(走り)六合

大砂走り

七合五勺

馬の背

プリンスルート

2693△
宝永山

宝永第一火口

静岡県
富士宮市

2604△

宝永山遊歩道

宝永第一火口縁 御殿場市

宝永山遊歩道

宝永第二火口縁 宝永第二火口

山体観測装置

富士市

N

1:25,000
0　250　500m

宝永
第三火口

須山口登山歩道

三合目

二ツ塚〜御殿場口新五合目へ→

水ヶ塚公園へ→

登り
下り
サブコース

🥾 **富士宮ルート**

ルートアドバイス！

4大ルートの中で、登山起点の標高が一番高く、富士山の最高峰、剣ヶ峰まで最短距離で登れるルート。登山道が直線的で急なため、高山病には注意したい。

駐車場から延びる階段を上って富士登山をスタート

六合目までは山腹を横切って延びるゆるやかなスロープを登る

外国人で富士山を初登頂したサー・ラザフォード・オールコックのレリーフが富士宮ルート登山道の入口に立つ

六合目の2軒の山小屋は営業期間が比較的長い。山小屋によって営業期間が違うので問い合わせを

● 五合目→新七合目

富士宮口は昔から「表口」「大宮口」とよばれ、親しまれている登山道。山麓の富士宮市にある富士山本宮浅間大社の奥宮が、富士宮口山頂に鎮座している。

4つのコースの中で登山口の標高が2380mと最も高く、山頂までの標高差、距離、コースタイムのどれもが最短。しかし、スタート地点が高い

ぶん、高山病のリスクも高く、決して楽なルートではない。標高に体を慣らし、高山病対策は万全にしておこう。

駐車場前の階段を上って登山道に入る。六合目までは山腹を右方向へとゆるやかに斜上していく。最初こそ、たとえ余裕があっても、ウォーミングアップのつもりでゆっくりと歩こう。

標高2490mの六合目には

2軒の山小屋があり、この道を直進すると宝永山遊歩道で、さらには宝永山や御殿場ルート方面に進むことができる。

六合目宝永山荘の脇から高みに向かって直登する。岩が多く開けた道は、やがて砂礫の道に変わる。右手には赤茶色の宝永山のスロープが見えとても美しい。新七合目までは高山植物のオンタデが点々と咲く斜面を登る。

六合目の山小屋が下に見える。高山植物も見ることができる

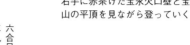

右手に赤茶けた宝永火口壁と宝永山の平頂を見ながら登っていく

七合目手前からは岩が点在する砂礫の道を登っていく。岩につまづかないように

富士宮ルート八合目直下は、赤茶けた溶岩塊をぬう急登。落石に気をつけて登ろう

● 新七合目→八合目

標高2790mの新七合目には1軒の山小屋があり、右手には宝永山の雄大な眺めが広がる。砂礫の道をジグザグに登るので、歩幅を小刻みにして歩こう。

七合目にも山小屋が1軒あり、標高は3030m。高度を上げていくので、苦しくなってくる人や高山病の症状が出てくることも。その場合は決して無理をしないように。

七合目上部からは岩盤が多くなり、やがて岩場の道に。岩場の歩き方も小股が基本。大きく足を上げ過ぎると疲れるので、よく足元を見て、小さくても靴底をしっかりと置ける足場を見つけて進もう。一気に登ろうとせず、小刻みに進むことが大切。

八合目に向けては傾斜もきつくなってくるが、立ち止まらずに歩ける、ゆっくりとしたペースを保って。

道幅が狭い点にも注意が必要。富士宮ルートの場合、登りと下りは同じ登山道を使っているため、上部から登山者が下りてくることもある。登山の場合、登り優先だが、人数などによって臨機応変に対応し、譲り合って通行しよう。道には岩石が多いので落石にも注意が必要だ。

八合目に向けてのゴツゴツした岩場の登り。
小股を心がけバランスを崩さないように

何度か鳥居をくぐっ
たあと、山頂に向けて
最後の登りにかかる

Check 1

富士山衛生センター

　八合目にある無料の夏山診
療所。国立浜松医大の協力に
より開設されている。衛生セン
ターの開設期間は登山シー
ズン中の一定期間。医師が常
駐し、ケガ人や急病人を無料
（任意で協力金）で診察してくれ
る。緊急時に頼りになる存在だ。

九合目以上は苦しい登りとなる。足場の
悪いところは階段状になっている

● 八合目→富士宮口山頂

　標高約3230mの八合目に
は山小屋の八合目池田館と救
護所の富士山衛生センターが
あり、心強い存在。

　富士宮ルートの場合、八合
目からが登りの正念場だ。疲
労が蓄積されているうえ、標
高の影響も出てきて、空気が
薄く感じられ、思うように体
が動かない。山頂は間近に見
えているのに、なかなか近づ

かない。しかし、焦りは禁物。
こんなときこそ、気持ちをゆ
ったりもって、呼吸を整え歩
くこと。眼下の眺めはすばら
しいので、ときおり立ち止ま
って休むのもいいだろう。

　足元はガラガラとした岩の
道。踏んだり触ったりすると
動く浮き石も多い。浮き石に
は決して乗ったり触ったりし
ないように。転倒の原因にな
るばかりでなく、落石を引き

起こし危険だ。足元をよく観
察し、浮き石に注意して歩く
ことを心がけよう。

　九合目（3400m）の九合目
萬年雪山荘の裏からは山頂が
はっきり見渡せ、九合五勺胸
突山荘や、山頂への最後の登
りが手に取るようにわかる。

　ここから先は2時間弱の行
程だが、傾斜が強くなってく
るので、深呼吸をしながら、
ゆっくりと登りたい。

山頂直下の登り。すぐ近くに見えても距離があるので焦らずに

富士宮口山頂にある浅間大社奥宮脇を過ぎると、富士山の最高峰にして日本最高点・剣ヶ峰が望める

山頂直下より富士宮口山頂ルートを見下ろす。下山も同じルートをたどる

最後は急峻なのど状になっているところを登る。足元がガラガラしているので落ち着いて

Check 2

山頂からの眺め

山頂の浅間大社奥宮の前は広場になっていて、気持ちのいい休憩スペース。晴れていれば、眼下に伊豆半島や駿河湾が見渡せる。

● **富士宮口山頂→下山道**

最後の鳥居をくぐると富士山頂上浅間大社奥宮。その左手には富士山頂郵便局が立っていて、記念にハガキを出すこともできる。その西側に見える三角形のピークが日本の最高点、剣ヶ峰だ。

時間と体力の余裕があれば、お鉢巡り（P60）にチャレンジしたいが、その余裕がない場合は、剣ヶ峰を往復するだ

けでもいいだろう。ただし、馬の背とよばれている最後の登りは急で苦しい。一方、富士宮口山頂のすぐ右手（東側）にある小高い丘が駒ヶ岳。聖徳太子が甲斐の黒駒に乗って富士山に登った折に休憩をしたという伝説が残っている。

いよいよ下山。富士宮ルートは、唯一、登りと下りの登山道が同一。登ってきた道なので様子はよくわかっていて

も、急なところ、岩場のところは十分に気をつけよう。とくに山頂からの下り始めは傾斜が強いので注意を。

登山では、登りより下りのほうが技術的には大変。疲労が蓄積し、足への負担も少なくない。定期的に休憩をとり、浮き石を踏まないように注意しよう。下山ではストックを有効に使うといい。登りの人に道を譲ることも忘れずに。

登頂ナビ**4** 富士の雄大なスケールを感じる
体力派のロングコース

御殿場ルート
（ごてんば）

剣ヶ峰頂上		
7時間**10**分 登り 下り **4**時間**15**分		
御殿場口新五合目		

歩行距離	約**19.7**km
標高差	約**2336**m
山小屋の数	**5**軒（P155参照）

アクセス

●バス
JR御殿場線・御殿場駅→富士急モビリティバス約30分→御殿場口新五合目
●車
東名高速道路・御殿場IC→国道138号→県道23号約18km→御殿場口新五合目
P450台

問合せ先

御殿場市観光交流課
☎0550-82-4622
御殿場市観光協会
☎0550-83-4770
富士急モビリティバス
☎0550-82-1333

◀御殿場ルートの醍醐味は大砂走り。七合目付近から広大な砂の斜面を一気に下る

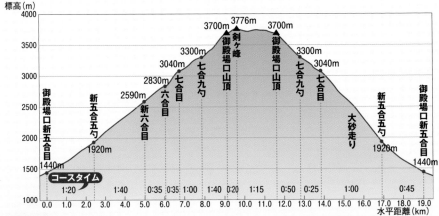

標高(m)

- 3776m 剣ヶ峰
- 3700m 御殿場口山頂
- 3700m 御殿場口山頂
- 3300m 七合九勺
- 3300m 七合九勺
- 3040m 七合目
- 3040m 七合目
- 2830m 七合目
- 2590m 六合目
- 1920m 新六合目
- 1920m 新五合五勺
- 1920m 新五合五勺
- 1440m 御殿場口新五合目
- 1440m 御殿場口新五合目
- 大砂走り

コースタイム
1:20　1:40　0:35　0:35　1:00　1:40　0:20　1:15　0:50　0:25　1:00　0:45

水平距離(km)
0.0　1.0　2.0　3.0　4.0　5.0　6.0　7.0　8.0　9.0　10.0　11.0　12.0　13.0　14.0　15.0　16.0　17.0　18.0　19.0

モデルプラン		1日目の登り	2日目未明の登り、	お鉢巡り	2日目午前中の下り
	前日発	4時間10分（+仮眠）	2時間40分	1時間35分	3時間
	八合目泊 1泊2日	1日目の登り 5時間10分	2日目未明の登り 1時間40分	お鉢巡り 1時間35分	2日目午前中の下り 3時間

52

※コースタイム、歩行距離などは山頂のお鉢巡りを含んだものです。所要時間は各人の体力や体調、休憩の取り方、気象条件によって大きく異なりますので、目安としてご活用ください。スケジュールには余裕を持つことをおすすめします。

剣ヶ峰
3776

富士宮市

久須志神社

吉田口・
須走口山頂

富士山頂上
浅間大社奥宮

富士宮口山頂

九合目

九合五勺

銀明水

御殿場口山頂
3700m

本八合目

九合目萬年雪山荘

頂上銀明館
(休業中)

九合目

吉田ルート登山道

八合目池田館

長田尾根記念碑

吉田ルート、
須走ルート下山道

八合目

衛生センター
(救護所)

八合目

八合目

須走ルート下山道

七合目

元祖七合目
山口山荘

赤岩八合館

七合九勺
3300m

吉田ルート下山道

富士宮ルート

気象庁避難小屋
(一般使用不可)

小山町

七合五勺

砂走館

わらじ館

大砂走りから

新六合目へ

日の出館(休業中)

七合目
3040m

新五合五勺
次郎坊(旧二合五勺)
1920m

下り六合
(走り六合)
2790m

六合目
2830m

宝永第一火口

宝永山・
大砂走り分岐

プリンス
ルート

馬の背

御殿場ルート登山道

御殿場ルート下山道

2693

宝永山

半蔵坊

新六合目
2590m

二ツ塚(双子山)へ

御殿場ルート

旧四合目

静岡県
御殿場市

大石茶屋

ハーフマウンテン
(売店)

登り
下り
サブコース

須山口下山歩道

御殿場口
新五合目
1440m

トレイル
ステーション

御殿場口
新五合目

1:25,000

0   250m   500m

新五合五勺
次郎坊(旧二合五勺)
1920m

幕岩へ

御殿場口新五合目(右図)へ

御殿場ルート

御殿場駅へ

四辻へ

御殿場口新五合目の鳥居をくぐってスタート

新五合目からは大パノラマで富士山全体を見渡すことができる。広大な砂礫地帯をひたすら登る。さすがに距離があり遠く感じる

ルートアドバイス！

御殿場ルートは直射日光や風の影響を受ける時間が長くなるので、ウエアの調節も重要。帽子で頭部やうなじを保護しよう。風が出てきたら、重ね着をして体を保温することも忘れずに。このコースの醍醐味は、大砂走りのダイナミックな下山道。靴に砂が入るのでスパッツを用意するとよい。

下部は火山礫の広大なスロープをひたすら登る

● 新五合目➡新六合目

御殿場ルートの起点となる新五合目の標高は1440m。一番高い富士宮口の五合目と比べると標高は約1000mも低い。ほかのルートと比べ、山頂までの標高差は大きく、距離も長い。そのため登山者が少なく、のんびりとした登山を楽しむことができる。

このコースの利点は低い標高からゆっくりと登るため、高山病のリスクが比較的低いこと。しかしその反面、長距離を歩く体力が必要となる。

新五合目周囲の火山荒原は、江戸時代中期の宝永の大噴火によるもので、ここからは宝永山や富士山頂も望める。

登山道入口の鳥居から少し登ると、大石茶屋（1520m）がある。この先は新六合目まで営業小屋がないので、飲料水や食料を必要に応じて購入

しておこう。また、晴れた日は直射日光をまともに受けるので、日焼け対策も万全に。

大石茶屋からの登山道はゆるやかな砂の道が続く。とにかく山頂までは長い。焦らず、ゆっくりと登ろう。

ジグザグの砂礫の道を登るとやがて新五合五勺（1920m）に着く。左手に見える二ツ塚（双子山）が同じくらいの高さに見える。

ルート上部から七合目の山小屋
や宝永山を見下ろす

七合目上部付近から岩が多く現れる。つまづきには十分注意したい

御殿場ルートの下部ではフジアザミの群生が多く見られる

Check 1

七合目の山小屋

御殿場ルートから登る場合、七合目から七合九勺にある営業中の3軒の山小屋のいずれかに泊まるのが一般的だ。

ご来光がきれいに望める、わらじ館（七合四勺）

宝永火山が大パノラマで見られる砂走館（七合五勺）

赤岩八合館（七合九勺）はご来光を拝むのにも絶好

赤岩八合館（七合九勺）は夕食のカレーがおかわり自由

● 新六合目→七合目

新六合目（2590m）は宝永山と肩を並べる位置にある。広大な斜面の登りだが、七合目までの唯一の山小屋（半蔵坊）があるので、炎天下の日でもほっとひと息つける。広大な斜面を登っていく御殿場ルートは、直射日光や風を遮るものがないため貴重な休憩ポイントだ。ここから少し傾斜が増してくる道をジグザグに進んでいく。

かつて山小屋もあった六合目（2830m）の標識を見たわずか先で、左からプリンスルート（P58参照）が合流する。広大な斜面の中では目標物を作りにくいが、少しずつ標高を上げていることがわかる。

七合目最下端の日の出館（3040m・休業中）は、下山道の大砂走りとの分岐になっている。七合目からは、七合九勺（3300m）の山小屋がはっきりと見えてくる。七合目は下部から七合九勺まで標高差が約250mもある。宝永火山の上端である七合五勺を経て、赤茶けた砂礫の斜面を急登していく。

砂礫の急斜面は足元をすくわれやすいが、小股で丁寧に歩くことを心がければ、だんだんと慣れ、安定して歩くことができる。

七合五勺の山小屋、砂走館

御殿場口山頂。お鉢の小鞍部にあることから銚子口ともよばれ、御殿場口山頂には銀明水がまつられている

火山噴出物の堆積である赤茶けた砂礫の道（七合九勺付近）

山頂頂下では大きな岩が目立ってくる。左手、駒ヶ岳側からの落石に注意しよう

● 七合目→御殿場口山頂

　七合四勺のわらじ館を過ぎ、七合五勺の砂走館を目指す。やや間があいて、御殿場ルート最後の山小屋、七合九勺（3300m）の赤岩八合館。初日の宿泊は、山小屋が連続する七合目から七合九勺の間で計画するのが一般的だ。富士山測候所が運用されていた当時に使われた気象庁の避難小屋を右に見れば、御殿場ルート最後の営業小屋、七合九勺・赤岩八合館は近い。

　赤岩八合館を出て直上していく。山小屋の跡があるところが八合目。その後、長田尾根の記念碑を見て、長田尾根を回り込むように進む。長田尾根とは、富士山測候所職員が御殿場口を登下降の際に利用したルート。昭和33年（1958）に殉職した職員の長田照雄氏の名から付けられたもので、厳冬期など厳しい気象条件下であっても職員が安全に登下降できるように、かつては鉄柵が設置されていた。

　長田尾根を回り込むといよいよ山頂直下。大弛とよばれる凹状の斜面を登っていく。斜度が強く、露岩や浮き石も多いので、マイペースで焦らずゆっくりと登ろう。鳥居をくぐれば、銀明水をまつる御殿場口山頂に到着する。

御殿場口の名物、大砂走り。ダイナミックな下山となる。顔は砂ぼこりで真っ黒に

分岐に立つ道標。大砂走りは、宝永第一火口の東側の縁をかすめて下っていく。火口の西側が富士宮ルートの登山道

七合目までは登りも下りもは同じ道をたどる。浮き石に足をとられないように注意（八合目付近）

Check 2

下山道の大砂走りではスパッツを用意

砂ぼこりが舞うので対策が必要。足元はスパッツを、顔はマスクやバンダナなどで覆うとよい。ストックは効率よく使えば効果倍増。

● 御殿場口山頂→下山道

山頂の頂上銀明館は現在休業中。富士宮口山頂がほど近く、こちらには浅間大社奥宮がまつられている。

下山はいよいよ、御殿場ルートのハイライト、大砂走りだ。一気に標高差1000mを駆け下るというダイナミックさに憧れ、ほかのルートを登った登山者が、下山は大砂走りを使うケースも多い。

七合目の日の出館前までは登りと同じ登山道を下る。特に上部は浮き石が多いので、落石に注意。また、登山では登りが優先なので、行き違うときは脇に避け、最後の登りに息を切らす登山者たちに道を譲る心遣いも大切だ。

七合目で砂ぼこり対策のスパッツなど準備を整えたら、右手の大砂走りに入っていく。

下り六合（走り六合）を過ぎると、広大な斜面を一気に駆け下る。足への負担は少なく、半分足をもぐらせるようにしながら下る。腰が引けてしまうと上手に下れないので、膝や足首の関節はクッションを効かせて柔らかく、リズムよく下っていこう。

大砂走りは新五合五勺で終わりを迎え、一直線に続く緩斜面の道を経て、御殿場口新五合目へ戻っていく。

下り六合目付近を俯瞰。プリンスルートは宝永山馬の背（右）から御殿場ルート下山道を横断して左手へ

宝永山・馬の背越えで御殿場ルートへ
静かで変化に富んだバリエーション
プリンスルート

プリンスルートを示す標識

４大ルートにあって御殿場ルートは、登高距離や標高差が突出している。新五合目（標高1440m）から登るとなると初級者にはハードルが高いが、大混雑とは無縁で、かつ快活で足にやさしい大砂走り下山道を有することは大きな魅力だ。この魅力や利点を生かした変則的なルートが、富士宮口五合目を起点に、宝永山・馬の背を越えて御殿場ルートへ至るというもの。平成時代の皇太子殿下が歩かれたことからプリンスルートの名が付けら

れ、富士山中腹を一周するかつての行者道である御中道（P102参照）にあたる。

御殿場ルートへのバイパスともいうべき穴場的ルートだったが、御殿場ルートの約４時間に及ぶ長い下部登山道をパスし、登山者の少ない御殿場コースを登れるとあって、近年、多くの登山者を集めるようになった。

混雑を避けられることはもちろん、宝永火口の迫力や大砂走り下山など、火山としての富士山を実感できる変化に富ん

小山町

御殿場ルート合流点（六合目）

御殿場ルート登山道

•旧六合目小屋跡

日の出館（休業中）

七合目

富士山頂へ

プリンスルート

（御殿場ルート下山道）

下り六合から宝永山・大砂走り分岐の距離は100m弱

下り（走り）六合

宝永山・大砂走り分岐

N

御殿場市

大砂走り

馬の背

1:12,500

0　　　　250m

富士宮口五合目〜第一火口底より　　宝永山へ

新六合目より

新五合五勺〜御殿場口新五合目へ

参考
コースタイム

富士宮口五合目	20分
六合目	10分
宝永第一火口縁	5分
火口底	45分
馬の背	15分
下り六合	15分
御殿場ルート合流点	35分
七合目	

（＊七合目以降はP52
〜57「御殿場ルート」
を参照）

馬の背から左に折れて下り六合へ。すぐ右手には御殿場ルート大砂走り

だコース取りとしてもおもしろい。

　登山起点は富士宮口五合目。ここから富士宮ルートを六合目までたどる。六合目から富士宮ルートと分かれて道なりに山腹を巻き進み、宝永火口底を経て宝永山の馬の背へ。時間と天候が許せば、ぜひ宝永山に立ち寄っていくといい（宝永山までの行程はP104も参照）。馬の背分岐を左に折れてわずかに登ると、大砂走り下山道に出合う。これに沿って100m弱登ると、その昔、山小屋もあった下り

六合（走り六合）。ここから右に分かれる踏み跡に入る。山腹を横切って御殿場ルート登山道の六合目に合流し、以降は御殿場ルートを登下降する。

日本の頂点をぐるりと巡る
雲上ハイキング

お鉢(はち)巡り

一周	約2.5km	標高差	約70m	所要時間	約1時間35分

▲火口棚から剣ヶ峰へのルートを登る。悪天候時や強風時は、無理をせずにお鉢巡りはあきらめよう

▲お鉢巡りの北西側を歩く。左手には本栖湖や南アルプスが望める

甲斐駒ヶ岳
鳳凰三山
白峰三山
木曽駒ヶ岳
御嶽山
蝶ヶ岳
荒川岳
赤石岳
聖岳
農鳥岳
七面山
飛竜山
天子山塊
富士宮市
浜松市
駿河湾

コースプラン

● お鉢巡りとは？

富士山の登山道を登りきり、ひと息ついた後に挑戦してみたいのが「お鉢巡り」。大内院とよばれる富士山頂の火口を一周するトレッキングコースだ。直径約600m、深さ約200mの噴火口の周囲には標高日本一の剣ヶ峰(けんがみね)をはじめ白山岳(はくさんだけ)、久須志岳(くすしだけ)、成就岳(じょうじゅがだけ)、伊豆岳、朝日岳、駒ヶ岳、三島岳の8つ余りのピークがあり、ダイナミックな噴火口と、関東から中部日本を見渡す大パノラマを楽しむことができる。しかし、お鉢巡りの後は、長距離の下山も控えているので、体調をみて無理はしないこと。なお、強風時や悪天候時はくれぐれも慎んで。

4000m
3900
3800
3700
3600
3500

吉田口・須走口山頂
御殿場口山頂
富士宮口山頂
剣ヶ峰
吉田口・須走口山頂

1時間35分

0　　　　1　　　　2km

▲ぽっかりと大きく口を開けた富士山頂の噴火口

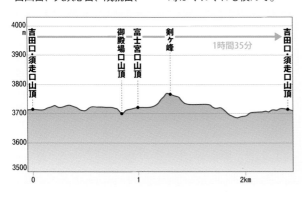

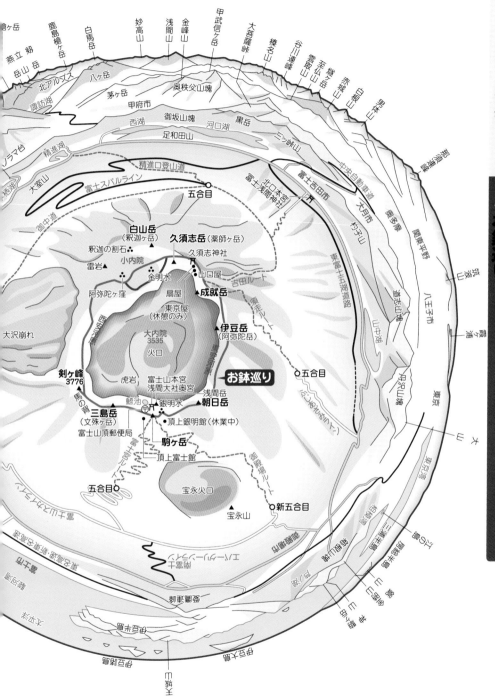

槍ヶ岳
鹿島槍ヶ岳
白馬岳
妙高山
浅間山
金峰山
甲武信ヶ岳
大菩薩峠
榛名山
燕岳
立
剱岳
八ヶ岳
北アルプス
茅ヶ岳
奥秩父山塊
至仏山
谷川連峰
雲取山
赤城山
白根山
日光白根
男体山

諏訪湖
甲府市
御坂山塊
河口湖
黒岳
パノラマ台
西湖
足和田山
三ツ峠山
中央自動車道
富士吉田市
大月市
関東平野
筑波山
精進湖
御中道
富士スバルライン
精進口登山道
五合目
北口本宮
富士浅間神社
富士吉田市
奥多摩
高尾山
大室山
白山岳
(釈迦ヶ岳)
久須志岳(薬師ヶ岳)
久須志神社
山口屋
吉田ルート
東富士五湖道路
道志山塊
八王子市
東京
釈迦の割石
小内院
雷岩
金明水
成就岳
東京屋
(休憩のみ)
伊豆岳
(阿弥陀岳)
山中湖
阿弥陀ヶ窪
扇屋
大内院
3535
火口
大沢崩れ
剣ヶ峰
3776
富士山本宮
浅間大社奥宮
浅間岳
朝日岳
お鉢巡り
五合目
虎岩
鯨池
銀明水
馬の背
三島岳
(文殊ヶ岳)
頂上銀明館(休業中)
富士山頂郵便局
駒ヶ岳
頂上富士館
五合目
宝永火口
新五合目
宝永山
御殿場ルート

東京

61

● お鉢巡りの語源は？

　富士八峰ともよばれる山頂の8つの峰には、それぞれ神仏がまつられ、それを参拝して巡ったのが「お鉢巡り」の始まりとされている。

　語源は、山頂の8つの峰を、お釈迦様が座す蓮の花びら「八葉蓮華」に例え、その「八」からお八巡りとよばれ、やがて「鉢」に転じたともいう。

<blockquote>
けんがみね
剣ヶ峰

正真正銘の富士山頂。日本国内の最高地点3776m。「日本最高峰」と刻まれた標柱と二等三角点が設置されている
</blockquote>

<blockquote>
Check 1

お鉢巡りはどちらから？

　古来の習わしに従うのであれば時計周り。しかし剣ヶ峰へ続く「馬の背」という標高差80mの急坂の登りを避けるため、逆回りをする人もいる。しかし、逆回りは砂の急斜面を下るようになるので、滑らないように、くれぐれも注意を。初級者には時計回りがおすすめだ。また、登ったルートと別のルートから下山するために、一周せずに終える人もいる。
</blockquote>

<blockquote>
Check 2

コース内を歩こう

　お鉢巡りのコースは砂礫の道。コースから外れると、足場が不安定で落石や滑落の危険があるので、必ずコースの中を歩こう。
</blockquote>

<blockquote>
Check 3

天気と時間のチェックを

　一周1時間30分ほどだが、アップダウンがあり、標高も高いので決して楽ではない。また独立峰のため風が強いときも多い。時間の余裕のないとき、強風や濃霧のとき、雨など悪天候のときは無理をしないように。
</blockquote>

白山岳（釈迦ヶ岳）3756
久須志岳（薬師ヶ岳）3720
九合目
吉田・須走ルート
釈迦の割石
雷岩（雷ヶ岳）
小内院
3673
金明水
久須志神社
吉田口・須走口山頂
扇屋
東京屋（休憩のみ）
山口屋本店
山口屋支店（休憩のみ）
成就岳
第一火口棚
大内院（火口）
3535
伊豆岳（阿弥陀岳）3749
3700
親子不知
西安河原
荒巻
勢至ヶ窪（荒巻）
剣ヶ峰 3776
虎岩（獅子岩）
浅間大社奥宮
富士山頂上浅間大社奥宮
朝日岳 3733
東安河原（賽ノ河原）
旧富士山測候所
富士山頂郵便局
第一火口棚
馬の背
銀明水
御殿場口山頂
頂上銀明館（休業中）
富士宮口山頂
三島岳（文殊ヶ岳）
3734
頂上富士館
駒ヶ岳 3718
御殿場ルート
富士宮ルート

<blockquote>

きゅうふじさんそっこうじょ
旧富士山測候所

1932年に中央気象台臨時富士山頂観測所として設立されて以来、地上気象観測、レーダー気象観測、一部の通信中継などの業務を行ってきた。2004年に閉鎖。現在はNPO法人が中心となり、気象学や医学の研究の場として活用されている
</blockquote>

小内院 しょうないいん
行く手にそびえる白山岳下の窪み。富士山の噴火口のひとつ

久須志神社 くすしじんじゃ
吉田口・須走口山頂に立つ、富士山本宮浅間大社の東北奥宮。神社裏にあるピークが久須志岳（薬師ヶ岳3720m）。山小屋も立ち並び、富士宮口山頂と並ぶ賑わいがある。右の碑は久須志神社のもの

きんめいすい
金明水
雪解け水などが湧き出たもので、古来より不老長寿の御霊水として崇められてきた

銀明水 ぎんめいすい
御殿場口山頂にある御霊水。かつては飲料水として振る舞われていたが、現在は飲用不向き。周囲は柵で囲われている。祠と鳥居が目印

ふじさんちょうじょう
せんげんたいしゃおくみや
富士山頂上
浅間大社奥宮
富士宮口山頂にある。山麓の富士宮市の富士山本宮浅間大社の奥宮で、木花之佐久夜毘売命（このはなのさくやひめのみこと）が主祭神。山頂郵便局や山小屋も隣接する

馬の背 うまのせ
お鉢巡りのなかで標高が一番低い地点から最高峰の剣ヶ峰へと一気に登る急斜面。標高が高い分、きつく苦しいが、決して長い登りではないので、コツコツ登ろう

※三角点が置かれた剣ヶ峰、白山岳以外の標高は、伊豆岳・朝日岳・小内院は国土地理院刊行の火山基本図「富士山」にある値を採用。その他の標高は、国土地理院地図（電子国土Web）の値を参考にした概数です。

富士登山をより楽しむために
山上での絶景と山頂限定情報

せっかく日本最高峰である富士山頂に着いたのなら、
山頂でしか味わえないポイントもチェックしておきたい。
頂上奥宮ご朱印や山頂郵便局だけの限定サービスはとてもいい記念になるはずだ。

南アルプスを見下ろす展望と夜景

　富士山に次ぐわが国第2位の標高を誇るのが南アルプスの北岳（3193m）。その高さは富士登山でいうと、ちょうど八合目付近にあたる。山頂への胸突き八丁の登りにかかれば、まわりに広がるのは、まさしく日本一の高さからのパノラマ。

　夏場の日中は雲が湧き上がりやすいので、この日本一の展望を楽しむのであれば、やはり日の出直後の早朝がベストだ。

　山頂に着いたら"お鉢巡り"にチャレンジしたい。変化に富んだ山上景観とともに、移り変わる周辺展望が楽しい。剣ヶ峰や大沢崩れ源頭付近から西方には、北岳はじめ3000m峰をいくつものせた南アルプスさえ見下ろす高さにいることに驚くだろう。日没後であれば、星空や月光、俯瞰する街の灯りも美しい。富士五湖の花火が眼下で広がるさまや、未明に山頂を目指すヘッドランプの列なども、夏の富士山ならではの風物詩だ。

山頂での格別な日の出「ご来光」

　古来より富士山上での日の出は、「ご来光」「ご来迎」とよばれ、神秘的かつ神聖なものとされてきた。いまもご来光を楽しみに富士山に登る人は非常に多い。特に山頂においては太陽が昇る東方ばかりでなく、太陽を背にしたときにお鉢（噴火口）に立ちのぼる雲霧に、自らの影が投影されることがまれにある。高山で見られるブロッケン現象なのだが、これを仏のご来迎とみて尊崇したという。

　山頂でのご来光時間に合わせて山小屋を未明に出発する場合、山頂直下で登山者の渋滞が起こることもあるので、時間に余裕をもって出発したい。

吉田口・須走口山頂より
山中湖や丹沢山塊を隔て
て望むご来光

64

「影富士」は
山頂部ならではの風景

　山頂部ならではの絶景として、富士山が自らの影を山裾や山麓に投影する「影富士」を挙げることができる。眼下に広がる雲海などに浮かぶ山姿が、時間とともに大きさを変えていくのもおもしろい。影富士のチャンスは、日の出と日没の2回。日の出は富士山の西側に、日没時の影富士は富士山の東側に現れる。

富士山西面に山姿を映す朝の影富士。あわせて南アルプスもくっきり望めるすばらしい朝だ

登頂の記念に
焼印と御朱印を

　金剛杖を片手に山小屋ごとにデザインの異なる焼印を押してもらいながら山頂を目指すのも、富士登山では見慣れた光景だ。焼印は1回300〜500円。この焼印も頂上奥宮や東北奥宮(久須志神社)では打刻による杖用のご朱印となる(要初穂料)。金剛杖よりストック派も多い近年だが、焼印をコレクションしたい人には、短い金剛杖も販売されている。

浅間大社奥宮では
高齢登拝者に記念品

　富士山頂にまつられた浅間大社奥宮と、奥宮の末社である東北奥宮(久須志神社)では、結婚式や家内安全の祈祷はじめ、奥宮限定の各種お守りなども扱っている。茶道や書道に用いる人もいるという山頂に湧く霊水、金明水と銀明水だが、金明水は久須志神社で、銀明水は頂上奥宮で手に入る。なお浅間大社奥宮では、高齢登拝者(数え70歳以上)に記念品の授与もある。両奥宮の開設期間は例年、7月10日から9月上旬頃となる。

富士山頂郵便局の
限定サービス

　富士山頂には期間限定で、富士山頂郵便局が開設される。投函した手紙に押される山頂局の消印はいい記念になるので、自分宛に手紙を出す人も多い。登山証明書やオリジナルはがきセットなど、山頂局限定のサービスも人気だ。営業時間は6〜14時、開設期間は7月中旬〜8月中旬の予定。

富士山頂郵便局オリジナルの富士山シール

専用クリアファイルとセットで販売される登山証明書

山岳ガイドと登る

富士登山のススメ

荷物のパッキングは？　歩き方は？　高山病対策は？
不安材料いっぱいの富士登山も、
山のプロと一緒なら安心

フジアザミ

山のプロと登れば
初心者でも安心

　富士登山は仲間と一緒か、バスツアーやトレッキングツアーに参加する人が多い。仲間と登りきる達成感は格別だが、初心者同士の場合は不安材料も多い。また、ツアーは多人数のため小回りが効かず、周囲に気を使うこともある。そんなときは、山岳ガイドに依頼してみてはどうだろう。

　山岳ガイドは、登山のプロであり、人を山に案内するプロでもある。全国規模のガイド団体の公益社団法人日本山岳ガイド協会で資格認定されているガイドは、特別なトレーニングを積み、資格検定試験に合格したプロ中のプロ。

　初心者や仲間同士での登頂はとかくオーバーペースになりがちで、これは、歩行のリズムや休憩のタイミングが乱れて体調を崩す原因にもなる。山岳ガイドと一緒ならば、登山の判断（天候・体調など）や行程管理をゆだね、リスクマネジメントされたなかで山登りができるので安心だ。

　また、プロと一緒に登るのは、歩き方やウエアの着脱、荷物のパッキングの方法など、登山中のあらゆる動作がお手本となり、勉強にもなる。

自分と気の合った
ガイドを見つけよう

　ツアー登山よりも小人数なのもうれしいところだ。ガイド業務の決まりごとに「ガイドレシオ」（ガイド対顧客の標準人数比率）がある。これは「山岳ガイド1人あたり何人の参加者が適当か」の基準を示したもので、これに従えば、夏の富士山の場合、山岳ガイド1人に対して参加者は10人以下となる。小人数での登山は、ガイドの目がよく行き届き、より安全なのだ。

　山岳ガイドは公益社団法人日本山岳ガイド協会のＨＰ（https://www.jfmga.com/）内に会員であるガイド団体の一覧および連絡先が出ている

ほか、山岳雑誌などでも見つけることができる。

　自分にあったガイドを探すことが重要だが、これが意外に難しい。人間同士なので相性もある。できれば事前に山岳ガイドと相談し、いくつかの山を経験した後、富士登山を計画するとよいだろう。何度か連絡を取り合い、信頼できる関係を築いておきたい。

　富士登山については、山岳ガイドが日程などを決め募集している企画もある。「これぞ！」と思う山岳ガイドに出会うことができれば、こちらから日程の相談をすることもできる。ただし、個人登山となるので割高にはなる。

　富士山は日本最高峰の山。憧れだけで登れる山ではない。初めて登山に挑戦する人は、山岳ガイドとの登頂が最短の登頂ルートかもしれない。

山のプロと登って
登山の醍醐味を知ろう

富士登山の
基礎知識

3000mを超す富士山に登頂するには、
厳しい環境に耐えられる装備や体力が必要。
登頂に挑戦する前に知っておきたい基本知識を紹介しよう。

1 登山計画の立て方
2 高山病予防対策
3 日常のトレーニング
4 登山靴
5 ザック
6 雨具
7 ウエア
8 持っていきたい用具
9 登山での行動食
10 ウォーミングアップとクールダウン
11 登るときの上手な歩き方
12 休憩・水分補給
13 下山時の歩き方
14 富士山トイレ事情
15 山小屋の利用法と過ごし方
16 天気と環境
17 ケガや病気の対処法

登山計画の立て方

富士登山の成功のカギは
万全な準備と計画から。
余裕をもったスケジュールにすれば、
高山病のリスクも減り、登頂率もアップ。

お盆が過ぎれば混
雑もひと息つく。な
るべく人出の少ない
日を選べば、混雑に
よるストレスも軽減
される（吉田ルート本
八合目付近）

登山適期は7・8月だけ

富士登山の一般的なシーズンは、山開き
の行われる例年7月上旬から、9月上〜中
旬までの2カ月強。この間、多くの山小屋
が営業し、登山バスが運行される。ただし
山開き後も、年によっては残雪が大量にあ
り、しばらく登山道が閉鎖・通行止めとな
る年もある。残雪状況については、市役所
や山小屋などに事前に問い合わせを。

また、登山最適期が短期のため、お盆や
週末には登山者数もピークに達する。山小
屋も混雑するので、早めに予約をしよう。

8月26日には富士吉田市の北口本宮冨士
浅間神社で「お山じまい」の火祭りが催さ
れ、登山シーズンも終わりを迎える。9月
に入ると、ルートによっては営業している
山小屋が限られてくるので注意したい。

富士山に40軒以上ある山小屋。登山者にとっては心強
い存在

秋から冬、春にかけての富士山は、雪に
覆われ、気候も厳しく、ごく一部の上級登
山者に限られた世界。また積雪がなくても、
山小屋が営業していないため、万が一のと
きに逃げ込む場所もない。富士登山は長距
離・長時間行動になるので、エスケープす
る山小屋が開いていない時期は、初級者は
決して登らないようにしたい。

登るスタイル

富士登山のスタイルは主に以下の4つ。
　①個人で登る
　②登山ツアーに参加する
　③フリーバスツアーに参加する
　④山岳ガイドと登る

②は、旅行会社などが主催するもの。五
合目までの交通手段もセットになっており、
ガイドなど引率者数名が同行する。

③は、②よりも簡易的で、東京や大阪、
名古屋などの都市から五合目までの往復バ
スと山小屋がセットになっている。バスを
降りたあとは、帰路のバス出発時間までに
各自が富士山に登り、降りてくる。

初心者には②や④が安心だ。

日程の組み方アドバイス

日帰り …おすすめできないプラン

　山小屋に泊まらず、五合目から山頂を日帰りで往復するプラン。行動時間は山頂まで最短の富士宮ルートで往復8～9時間（お鉢巡りは含まず）。朝5時に出発すれば、午後4時頃には下山できる計算だ。しかし富士山の場合、標高差が大きく、距離も長い。富士宮ルートの標高差は剣ヶ峰まで1396m。これを1日で往復するのは、かなりハード。日帰りは、上級登山者に限ったことと考えよう。

　富士山は体力勝負の山にもかかわらず、日帰りはハイペースになりがち。高山病のリスクも高めてしまうので、初級登山者には通常、1日の登高高度（標高差）を600～900m程度におさえることをすすめたい。

　なお、事前に十分な休息をとらず、夜通し登山で山頂を往復する「弾丸登山」は、高山病や転倒・滑落など、体調不良やケガの大きな要因として自粛が呼びかけられている。

1泊2日 …一般的なプラン

　朝自宅を出発して午後に五合目に到着し、七～八合目付近の山小屋に宿泊。翌日登頂し、五合目まで下山するプラン。

　2日目はかなりハード。吉田ルート八合目に宿泊した場合、登頂して五合目まで下山するコースタイムが約6時間（お鉢巡りは含まず）。コースタイムは短いが、登りは標高3000mを超えるために高度の影響を受け、苦しい登りになることを覚悟しよう。

　登頂後は、一気に五合目まで下山。この標高差は1471mになる。相応の体力、脚力、持続した集中力が必要になる。

富士吉田にある北口本宮冨士浅間神社。富士講はここからスタートした

2泊3日 …無理のないプラン

　初めての富士登山で楽しく快適に登るための理想的なスケジュール。

　五合目で高度に体を慣らし、ゆっくりと出発し、七～八合目の山小屋に宿泊。時間に余裕があれば、その日のうちにもう少し上まで往復するのもよい。高山病予防の原則は、高いところまで往復して体を順応させることにあるので、この方法はその理にかなっている。また、宿泊は少しでも標高を下げたほうが、体への負担が少ない。

　2日目、登頂後は七～八合目付近に宿泊。時間に余裕があるので、お鉢巡りも可能。

　3日目に下山。距離が短いので、脚力や体力への負担が減る。早い時間に下山できるので、山麓の観光もできる。

 ## 登山前日は十分に睡眠をとって

　登山前日は十分な睡眠が不可欠。夜行バスで移動して、そのまま富士山に挑むのはできるだけ避けたい。寝不足は体調不良を招き、高山病のリスクも高くなるからだ。

　できれば朝出発するか、前夜は山麓で睡眠がとれるようにし、体力を温存しておこう。もちろん、暴飲暴食にも注意を。

富士登山の基礎知識

① 登山計画の立て方

高山病予防対策

富士登山の悩みのひとつが高山病。
高山病は何よりも予防が大切。
吐き気、めまい、頭痛などが起きたら、
決して無理をしないことが重要。

高山病予防のための知識

・ゆっくり歩き、深く呼吸する
・高度障害が起きたら標高の低いところに移
　動し、悪化する前にすぐ下山

高度障害・急性高山病って何？

　高度障害とは、標高が高くなるにつれ気
圧が下がり、大気中の酸素濃度も減少する
ために引き起こされる体の変調のこと。

　標高2000m以上であれば発症するといわ
れ、富士山では五合目以上にあたる。標高
3500m付近で酸素濃度は平地の3分の2
程度になる。高度障害は急性高山病、高地
肺水腫、高地脳浮腫と段階的に進行する。
早く対処すれば重篤な肺水腫、脳浮腫は防
げるので、素早い判断と対応が大切だ。

急性高山病の症状

　頭痛、食欲不振、吐き気、嘔吐、ねむけ、
チアノーゼ、倦怠感、虚脱感、めまい、も
うろう感、睡眠障害などの症状がある。

　高山病になる確率としては、標高2500m
に急激に登った場合、25%の人に上記症状
が3つ以上現れ、3500mでは、ほぼ全員に。
うち10%は重症化するといわれている。

急性高山病の予防

●ゆっくりと高度を上げる（高所順応）

　五合目に到着したら、ゆっくり滞在して体を

高度に慣らし、ゆったりしたペースで登る。

●水分をたっぷりとる

●呼吸器系の体調管理に気を配る

　風邪の場合は登山を中止する。タバコは厳禁。

●酸素を十分に取り入れる

　酸素摂取量が低下するので、意識して呼吸を
しよう。呼吸が乱れた場合は、ゆっくりと大き
く深呼吸して呼吸を整えよう。

●バディーシステムを取り入れる

　2人ひと組になり、互いの体調を観察。倦怠
感はないか、顔色などをチェック。

●自分の体調を常に観察

　休憩時や山小屋では心拍や呼吸数もチェック。

●慢性疾患のある人は主治医に相談

　心臓や血管、脳などの慢性疾患、既往症があ
ると、高山病のリスクが高いといわれる。病状
のコントロールなどをあらかじめ相談しよう。

急性高山病の対処法

●標高を下げるのが最善の対処法

　症状が出たら、まずは休憩をして様子を
見る。それでも症状が緩和されない場合は、
速やかに下山を。宿泊は少しでも標高を下
げ、低いところにある山小屋を選ぶ。

　また、同行者が急性高山病にかかった場
合は、絶対に一人で下山させてはいけない。
症状が急激に悪化することがあるからだ。
必ずだれかが付き添うようにしよう。

富士登山の基礎知識 ③ 登頂成功へのステップアップ
日常のトレーニング

3000m級の富士山は初級の山ではない。
日頃から体力増強に努め、
低山の山歩きなどで山に慣れておきたい。
トレーニングしてから臨むのがベストだ。

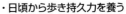

登れる体を作るには

・日頃から歩き持久力を養う
・低山の山歩きにチャレンジする
・標高差に慣れる

ステップアップその①
日常のトレーニングで体力増強

　運動習慣がない人は、まずは体を動かすことから始めたい。いつもより歩く、エレベーターを使わず階段を上り下りするなどから始めるのもいいだろう。小さな積み重ねでも、習慣化すれば大きな変化になる。

　また、走ることは心肺機能を鍛える有酸素運動で、すべてのスポーツの基礎となる。全身運動なので登山にも最適だ。ウォーキングから始め、徐々にジョギングに移行していこう。

日頃からトレーニングを

ステップアップその②
山に登ってみる

　初めての登山が富士山というのは、あまりにも無謀。まずは1000m以下の里山・低山に登ってみよう。登山靴や荷物を背負って1日歩くことにも慣れておきたい。これにより山に慣れ、道具に慣れることが大切だ。首や肩、背筋、腹筋なども鍛えておこう。

　最初は行動時間が4～5時間程度、標高差は600m以下の山からチャレンジしよう。

おすすめ登山 筑波山、高尾山、御岳山、幕山、霧ヶ峰、六甲山、金剛山など。

ステップアップその③
長く歩いてみる

　ルートによって差はあるが、富士山は合計で10時間程度の長丁場の登山になる。2日以上にわたるといえども連日歩くのだから、体には相当な負荷がかかる。毎日少しずつ距離を伸ばし、だんだんと長く歩けるようにステップアップしていこう。また、同じ距離でもアップダウンがあるほうが脚力や体力を養える。

おすすめ登山 金時山、谷川岳、塔ノ岳、至仏山、金峰山など。

ステップアップその④

標高に慣れる

　富士山は日本一高い山。その特徴は圧倒的な標高にあるのだから、準備段階から標高に慣れておくことも重要。ロープウェイなどを使えば初級者でも標高の高いコースを選ぶことができるので、富士登山の1～2週間前に歩いてみよう。また、余裕があれば1泊2日の登山も経験しておきたい。

おすすめ登山 木曽駒ヶ岳、乗鞍岳、唐松岳、立山連峰、日光白根山、燧ヶ岳、燕岳など。

乗鞍岳はアップダウンが少ない初級ルートだが、標高が高いので、高所順応に向く

登山靴

富士登山で重要度が高いのが登山靴。
砂礫や溶岩帯の登山道を長時間歩くには、
体への負担を最小に抑えてくれる
クッション性と安定性のある靴選びが重要。

靴選びのポイント

・自分のサイズに合った登山靴を
・足首がしっかりサポートされたものを
・靴底が厚く、グリップ力があるものを

 ## 登山靴の機能

　靴底に凹凸と、ある程度の硬さのある登
山靴は砂礫帯や岩盤帯、木の根道、さらに
ぬかるんだ登山道でも滑りにくく、体への
負担も軽減してくれる。また、足首がしっ
かりガードされているものは、捻挫などの
ケガ防止効果があり、安心して歩ける。防
水浸透性素材を使った製品を選べば、雨か
らの濡れを防ぎ、汗も放出してくれる。

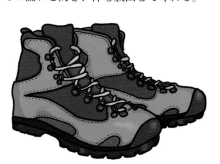

富士山は岩がごろごろした道を登る。ケガや転倒を防ぐた
めにも、足首までガードするしっかりした登山靴を選びたい

(左)スパッツは下山時の砂
や小石の侵入を防ぐ
(上)靴下はクッション性の
高い中厚のものがおすすめ

 ## サイズ合わせ

　サイズ合わせは非常に重要だ。足に合わ
ない登山靴は靴ずれの原因になるので、登
山用具専門店のスタッフに、必ずサイズを
測ってもらおう。また、同じサイズでも、
モデルによって足幅や甲の高さなど足型が
異なるので、スタッフのアドバイスを受け
ながら、時間をかけて、何足も履き比べ、
形状があったものを選ぼう。

足の長さだけでなく
幅や甲の高さも計
測を。サイズは思
い違いしている場合
もあるので必ず測っ
てもらおう

スタッフにフィッティ
ングしてもらい、正
しい履き方、靴ひも
の締め方を教わって
おこう

店内の坂の模型を
上ったり下ったり、
小さなステップに立
ってみたり、履き心
地を確認

ザック

常に背負って歩く、ザック選びも重要。
自分の背丈や肩幅など
体格に合ったもの、
軽量で使いやすいものを選ぼう。

ザック選びのポイント

・フィット感のあるものを
・容量は25〜30ℓを
・軽量で背負いやすいものを

ザックの大きさ

　富士登山に必要な大きさは25〜30ℓ程度。メーカーによって容量の測定法が違うので、実際に見て大きさを確認しよう。雨ぶたやポケットのファスナー、ストラップなどすべて開閉・着脱してみて、使い勝手を確認してみる。どこに何を入れたらよいか、自分の持ち物を想像しながらチェックを。

（上・上右）ザックは軽さも大切だが、頑丈さも要求される。背負い心地がよく、自分の体に合ったサイズのものを、登山用品店で納得いくまで試してから購入したい
（右）雨でもザックの中まで濡れないよう、ザックカバーもぜひ用意しよう

サイズ合わせ

　ウエア同様ザックにもサイズがある。背負い丈（背面長）を測定してもらい、自分に合ったサイズを選ぼう。サイズが合っていないと背負い心地が悪く、疲労も増す。またウエスト、ショルダー、チェストの各ベルトの太さや角度なども重要だ。とくに女性はショルダーハーネス位置が肩幅に合わないと負担になるので、スタッフにフィッティングしてもらおう。

パッキングはよく使うものを雨ぶたなど取りやすい位置に。左右前後のバランスを考えながら詰める

ザックのフィッティング
①ウエストベルトを骨盤のあたりで締める
②ショルダーベルトのストラップをA→Bの順番で締める
③最後にチェストベルト。これで体にフィットする

雨具

天候は変わりやすく、雨具は必需品。
朝夕の寒さや風対策にも
活用することができる。
防水透湿性を兼ね備えたものを選んで。

雨具選びのポイント

・上着とズボンが分かれたタイプを
・ゴアテックスなど防水透湿性素材を
・サイズは少しゆとりのあるものを

防水性と透湿性のある雨具を

　登山用の雨具は動きやすいだけでなく、外からの濡れ（雨）を防ぐ防水性と、内側からの濡れ（汗）を放出する透湿性を兼ね備えたすぐれもの。たとえ天候に恵まれた登山であっても必携品だ。購入時には、登山用具専門店などで必ず着用し、腕や足の動き、フードの視界などを確認しよう。下にはフリースなどの防寒着を着ることも多いので、少し余裕のあるサイズを選ぼう。

雨具が重要なワケ

　好天時でも風が強い富士山では、荒れた天候の厳しさは想像以上。雨具は雨を防ぐだけでなく、強風などの厳しい自然環境からも身を守ってくれる重要なアイテムだ。ビニール製の簡易雨具では、汗や水蒸気を発散できずウエアを濡らし、体があっという間に冷えてしまう。水の熱伝導率は空気の25倍。ウエアが濡れた状態では低体温症の危険性も高まり、生死に関わることも。山ではウエアを濡らさない。これが大切だ。

レインウエアはセパレーツ式で防水透湿素材のものを選ぼう。サイズは少し余裕を持って

レインウエアは防水だけでなく、防風、防寒性能も備えた万能ウエア。防水の帽子や手袋があれば、さらに万全だ

富士登山の基礎知識 ⑦ 乾きやすく動きやすいものを
ウエア

富士登山用のウエアは吸汗速乾性があり、
動きやすい生地、デザインであること。
サイズ選びも重要なポイントだ。
防寒対策は万全にしておこう。

ウエア選びのポイント
・吸汗速乾性のあるものを
・軽量で組み合わせがきくものを
・動きやすく自分にフィットしたサイズを

機能的なウエアを組み合わせる

　ウエアは、動きやすさが重要。ジーンズ
などは足の動きを妨げ疲労度が増すので、
生地に伸縮性があり、動きやすくカットが
されているものを選ぼう。自分に合ったサ
イズであることも大切だ。また、富士登山
では、重ね着など衣類をこまめに調整して、
寒暖の差や天気の変化に対応しよう。

吸汗速乾性のある素材を

　登山用のウエアは下着も含め汗を素早く
吸い取り、すぐに乾く機能のある化繊の吸
汗速乾性のある素材や、濡れても冷たくな
らないウールなどを使用している。汗が乾
きにくいコットンは、体を冷やすばかりで
なく、水分を吸って重くなるので年間を通
して不向き。

下着は濡れても冷たくならないメリノウー
ルか吸汗速乾性素材のものを

登山用シャツは腕まくりなどで体温調
節が楽。吸汗速乾性素材は必須

中間着は軽く保温性の高いフリ
ースがおすすめ

軽くコンパクトな薄手ジャケットは保
温性も防風性も備わっている

標高が高い場所ではウインドシェル
(防風着)必携。雨具で代用も可

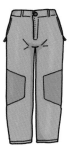

パンツは登山用の丈夫なものを。機能性
タイツは足の疲労を軽減する

持っていきたい用具

使いやすさ、持ちやすさを考慮したグッズは
どれも登山に必要なものばかり。
小さくても、機能性のあるものを選ぼう。
日常の防災用品としても活用できる。

持っていきたい登山道具

・バランスを保つ必需品、ストック
・夜間行動に必携のヘッドランプ
・水分補給のための水筒

ストック（トレッキング・ポール）

　歩行を助けるのは両手に持つストックが
最適。足腰、膝の負担も減らす。またバラ
ンスを保ちリズムよく歩けるので、腕や胸
の筋肉を積極的に使い、全身運動にもなる。
登りも下りもあると便利。

ストックを使い慣れれば登り下りともに重宝する

ヘッドランプ

　夜間登山には必携の照明用具。予定外の
ことが起き、非常的に夜間行動しなければ
ならない場合や、山小屋でも役立つので、
日帰りの登山であっても持っていこう。

電池交換が不要なUSB充電式のヘッドランプ（写真）も
増えている

水筒と魔法ビン

　水筒はこまめな水分補給に最適だが、ペ
ットボトルでも代用可。また富士山では山
小屋で水を販売しているので、計画的に購
入しながら登るのも一つの方法だ。ステン
レス製保温ボトルは、インスタント食品の
調理や寒いときに便利。

金属製の丈夫な水筒は
やっぱり安心。高山病
の予防に水分の十分
な摂取は欠かせないも
のなので、山小屋での
補充は忘れないようにし
よう

小型の保温ボトルがあれば、寒い時
でも体を温めてくれる。完全に沸騰し
たお湯を入れることがなかなか冷めな
いコツ

ヘルメット

　ヘルメットは、落石や噴石などから頭部
を保護するために必要なもの。富士山の場
合、シーズン始めや台風の時、渋滞時など
は落石の危険性が高まり、実際に事故も起
きている。吉田ルート六合目の安全指導セ
ンターではデポジット制で貸し出している
ので、一度、体験してみるのもいい。

富士登山の基礎知識 **9** 糖分と塩分をこまめに補給

登山での行動食

登山中に食べる行動食は
手軽に口にでき、消化時の負担が少なく、
高カロリーのものが理想的。
好物のものを選んで持って行こう。

こんな行動食を Check !

・アメやチョコレートは疲労回復に有効
・食べやすく、消化にいいものを
・傷まず、腐らない工夫を

 ## 糖分と塩分を

　チョコレートやアメ、クッキーなどに含まれる糖分は短時間でエネルギーに変換されるので、登山中の行動食として最適。また汗をかくので、煎餅や梅干しなどでの塩分補給も必要となってくる。のどに通りやすいもの、疲れていても食べたいと思う好物を選ぼう。

数日程度の登山であれば、栄養バランスに神経質になる必要はない。チョコレートなどは溶けやすいので、小分けにされたものが食べやすくて便利。煎餅は、ぬれせんだと割れにくい

 ## こまめに補給を

　一度に食べても消化が追いつかず、空腹になってから食べても補給は間に合わない。行動食はこまめに食べるのが理想的。登山中の休憩は、5～10分程度。手軽に口にでき、消化しやすいものを選ぼう。

腐らないように

　日光を浴びたザックの中は高温になり、夏場は食べ物が腐りやすい。万が一、登山中に食中毒などを起こしたら一大事。食料は腐りにくいものを選び、傷まないように工夫してパッキングをしよう。ファスナー付きの袋に甘辛一緒に入れると便利。

ナッツやドライフルーツなどはひとまとめにして丈夫な防水袋に。包装は除いたほうが軽量化され、ゴミも減る

ココアなど甘い飲み物、ジンジャーティのように体が温まるもの、塩分補給もできる味噌汁などはステンレス製保温ボトルがあれば、インスタント品を使って簡単に作れる

ウォーミングアップとクールダウン

登山前はウォーミングアップで体をほぐし、登山後はクールダウンで疲労を軽減。
ウォーミングアップもクールダウンも動きは同じ。ケガ予防のためにも必ずやろう。

1
手で反対側の耳部分をもち、首を傾ける。僧帽筋（肩部分）を伸ばす。ザックで凝った肩に効く

5
石などの上に片足ずつ乗せる。前かがみになって手でつま先をつかむ。伸ばしている足首を正面に向けたり、内側や外側など角度を変えていく。ハムストリングス（太もも後側）を伸ばす

2
片手を肩から折り、もう一方の手はひじを曲げて挟みこむようにする。上腕から肩にかけて伸ばす

6
片足ずつお尻につけるようにして折りたたむ。手で足首を持ち、大腿四頭筋（太もも前側）を伸ばす。膝痛持ちの人はとくに念入りに

3
手のひらを返すように差し出し、もう一方の手で手前に引くようにする。反対に手の甲を正面に向けて自分のほうへ押し込むようにもする。前腕を伸ばす。ストック使いで疲れた腕に効く

7
木や壁などに手をつき、同じ側の足に重心をのせ、反対側の腰を折るようにして体を傾ける。腸脛靱帯と大腿筋膜張筋（腰から太ももの外側）を伸ばす。腰痛、膝痛もちの人は念入りに

4
腕の後部分を正面に向けるようにして上げてひじから折る。もう一方の腕で引くようにして三頭筋（肩部分）を伸ばす。ザックで疲れた肩に効く

8
アキレス腱を伸ばすような体勢で後ろ足のヒフク筋（ふくらはぎ）を伸ばす。とくに初心者が疲れやすい部分だ

11 リズムを保ち、マイペースでゆっくりと
登るときの上手な歩き方

登山の歩き方の基本は「スローペース」。
焦らず、小股でゆっくりと、を守り、
無理なく呼吸を続けられる速度での歩きが
疲れとバテを防ぐ、最良の手段。

歩き方のポイント

・腹式呼吸でゆっくりと歩く
・歩幅は小さく、上体を揺らさず
・一定のリズムを保つ

靴ひもの締め方

　登山靴を履くときは、足が抵抗なくすっと入る程度に靴ひもをゆるめ、靴下にシワやタルミがないかをチェック。これがマメを防ぐ重要なポイント。靴ひもはつま先から足首に向かって順番に適度な強さで締める（詳しくはP81参照）。登りのときは、靴の上部は多少ゆるめでも構わない。

ゆっくりペースを保つ

　「ゆっくりと歩く」を心がける。
　標高も低く、体力のある歩き始めはいくらでも早く登れそうだが、歩き始めこそ、少し遅すぎるのではないかと思う程度で歩くことが大切。それにより少しずつ体が温まり、山登りに慣れ、自分のペースを作り出すことができるからだ。ゆっくりペースは疲労や標高の影響でのペースダウンも防ぐ最良の方法だ。
　登山初心者で適切なペース作りが難しい人は、リーダーやガイドのすぐ後ろを歩き、一定のペースを保つようにしよう。元気なときは早く歩き、やがて立ち止まって息を整え、疲れると急激にペースダウン。こんな歩き方は禁物。ゆっくりペースならば体への負担も少なく、楽に早く山頂に着ける。

上手な足の運び方

　足運びは小股が原則。大股は背負ったザックの振動も大きく、体へ負担をかけ疲れやすい。小股での歩きは滑りにくいばかりでなく、上体の揺れも最小限に防ぎ、体を安定させる利点がある。
　岩場の段差も同様。高いところにステップを求めず反対足の膝下以下の位置に足を置きながら登る。靴底はフラットに置き、静かに登る。蹴散らすように歩くのは、落石を引き起こし、周囲に危険を与える。歩き方の上手な人は、その人が歩く前後では小石一つの位置も変わっていないという。

1 よい例
小股が基本。ゆっくりと静かに歩くことを心がける
2 悪い例
大股で歩くと、スリップもしやすく、すぐに疲れてしまう

ストックの使い方

　前に突いてバランスを保つが、頼りすぎは疲労の元。腕よりも筋力のある足でしっかりと歩くことが基本だ。また、ストックは周囲の人にあたらないよう、他の登山者との間隔は適度に保つようにしよう。

休憩・水分補給

ゆっくり登って、定期的に休憩をとる。
これが富士山登頂成功へのカギとなる。
休憩時には水分や栄養を補給し、
ウエアや靴ひももも忘れずにチェックしよう。

 上手な休憩と水分補給を

- ・休憩はバテる前にとる
- ・休憩は他の登山者の妨げにならないように
- ・のどが渇く前に水分補給を

休憩のとり方

　休憩は50分〜1時間に1回とるのが目安。しかし、歩き始めは30〜40分歩いたら早めに休憩し、その日の体調を確認するといい。汗はかいていないか、寒くないかをチェックし、ウエアを調整。1回の休憩時間は5〜10分程度。長すぎると体が冷え、次にエンジンが暖まるのに時間が必要になるので注意を。水分補給、行動食の補給、ウエアの調整、靴ひもの確認なども忘れずに。

休んだら水分補給を心がけよう

休憩場所の選び方

　休憩場所は安全であることが第一。落石の危険性がある谷筋、岩場の切り立った場所、風の通り道は避けて、ゆっくりとできる場所を探そう。ザックを下ろし、ひと休みする際は、他の登山者の通行の妨げにならないように気をつけよう。登山道に荷物を広げるのはご法度。富士山は坂道だらけなので、荷物を転がさないようにくれぐれも気をつけて。

水を飲むタイミング

　水はのどが渇く前に補給するのがポイント。のどが渇いたなと感じるのは、すでに体内の水分が不足している状態。最初のうちは休憩ごとに意識して飲むようにしよう。

　ザックに収納したまま、チューブで随時水が飲めるハイドレーションシステムの水筒を使うのも便利だ。登山用の多くのザック

クで使え、これがあれば、歩きながらでも水分補給ができ、理想的だ。

ハイドレーションシステムの水筒。これをザックの中に入れ、吸口をショルダーベルトの胸あたりに固定して使用する

必要な水分摂取量

　山登りのような運動中は、汗や呼吸によって体の水分が失われる。この損失量(脱水)が体重の2％を超えると、運動能力が低下し始める。ただ、脱水の状態については個人差があるので、喉の渇きをちょっとでも感じたら飲む、を繰り返すことで2％以上の脱水は防げるだろう。また、水分摂取は、水だけより塩分・糖分などの含まれたスポーツドリンクが望ましい。

下山時の歩き方

不安定な砂礫地や岩場の続く下山道は、
もっともケガや事故の起こりやすい場所。
そして絶対的な標高差もあるので、
ペース配分に気をつけながら下山しよう。

下山時の注意事項 Check

・靴ひもをしっかりと結ぶ
・スパッツ、マスクで砂ぼこり対策
・小刻みにリズムよく歩く

まずは靴ひもを確認

下山時の足ごしらえは重要。改めて靴ひもを確認し、しっかりと結ぼう。途中でほどけると、靴ひもを踏んで転倒し危険だ。結び方やフィッティングの基本は登りと同じだが下りは負荷がかかるため、つま先と足首をしっかりと締め上げる。これにより、靴がよりフィットし、歩行中の安定感も増す。蝶結びがほどけやすい場合は、二重結びに。結んだ末端が長く垂れている場合、二重結びをして短くするか紐の間に挟もう。

蝶結びがほどけやすい場合は
二重に結ぶ

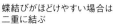

靴ひもは上
からフックに
かけたほうが
緩みにくい

スパッツで砂ぼこり対策

砂礫地の中を下る、御殿場ルートの大砂走りや須走ルートの砂走りでは、スパッツやマスクがあると便利。スパッツは雨や雪に対応したものでもよいが、より通気性が高く、軽量でコンパクトになるハイキング用スパッツが快適。また、ほこりが鼻やのどに入らないように、マスクやバンダナで顔を覆うといい。日焼け防止にもなる。

膝のバネを使い
小股でリズミカルに

下りの歩き方も登り同様、小股が基本。岩場の場合は、よく見ると小さな突起があるのでそれを上手に利用して、小さく区切って下りれば、大股で下りるよりずっと楽に下ることができる。大砂走りや砂走りも同様。大股で歩いたり、怖がって腰が引けてくると、足首と膝が伸びきってしまい、上体が足に乗らず、スリップの原因に。足首と膝のクッションを上手に使おう。

ストックは積極的に活用。リズミカルにバランスをとりながら使えば、脚への負担を減らし、楽に下りられる。

靴裏全体を斜面に対してフラットに置くのが下りの鉄則。こうすれば膝のバネが効く安定した姿勢になる。腰が引けて踵から着地するとスリップしやすいので注意

富士山トイレ事情

ひと夏で25万人前後が登る富士山。
一人一人がルールとマナーを守り、
貴重な自然と環境を汚さないよう
注意して、気持ちよく使おう。

トイレ使用のマナー

・ルールを守って清潔に使用
・チップ用の小銭を用意
・トイレ利用も計画的に

富士山のトイレの現状

　自然環境を守るため富士山でのし尿処理は非常に重要。かつて山岳トイレが普及していなかった時代は、し尿やゴミが山を汚し、周辺環境にも悪影響を与えていた。しかし、現在では環境に配慮したし尿処理をしているところが多い。

　富士山の場合、次の3つのタイプに大別されるが、設備だけが環境に配慮されていても、使う側がルールを守らなければ何もならない。トイレに貼り出されている使用法を必ず守って使用しよう。

3タイプのトイレとは？

●バイオ式オガクズタイプ

　オガクズの中にいる微生物がし尿を分解。寒冷地でも微生物の働きが鈍らないように工夫されており、水の得られない山岳地域に有効。オガクズは定期的に補充・交換されている。使用後は肥料としても役立つ。

使い方 トイレ使用後にオガクズを攪拌させるボタンを押し、ふたを閉める。使用済みペーパーは専用ゴミ箱へ。

●浄化循環式（カキ殻）タイプ

　微生物の働きによってし尿分解し、汚水

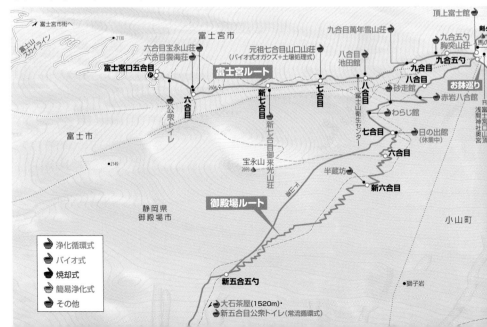

を浄化して再利用する。カキ殻が微生物の生育を促し、水質改善する。

使い方 一般的な水洗トイレと同じだが、使用済みペーパーは便器に流さず専用ゴミ箱へ。

●焼却式タイプ

ダイオキシンが発生しないよう高温でし尿を焼却。焼却灰は廃棄物として処理されている。

使い方 使用済みペーパーも一緒に焼却されるが、一度に大量に捨てるとポンプが詰まる恐れがあるので注意を。

トイレはチップ制

山の上に設置する環境配慮型トイレは、し尿を処理したり、微生物の働きを活発にするための動力燃料に多額の費用がかかるため利用はチップ制。小銭の用意をしておこう。金額は200〜300円。入口に設けられたチップボックスに入れる。

トイレに関するマナー

公共の場であることを心得、他人に迷惑をかけないよう清潔に使うことを心がけよう。

●ごみなどの投入は絶対禁止

使用済みの生理用品は専用ゴミ箱に入れるか、各自で持ち帰る。密閉できる袋で持ち帰れば問題はない。

●トイレ内での休憩は禁止

天気が悪いときや夜間などにトイレの中で休憩する人がいるが、これもマナー違反。トイレを使用したい人たちに迷惑がかからないように。

●トイレ利用は計画的に

トイレはおもに登山道、山小屋および山頂に設置されている。一度に水を飲みすぎるとトイレが近くなるが、少しずつ定期的に摂取していけば、汗となって出ていくので、それほどトイレを心配する必要はない。下山ルートはトイレが少ないので下山を始める前に利用を。

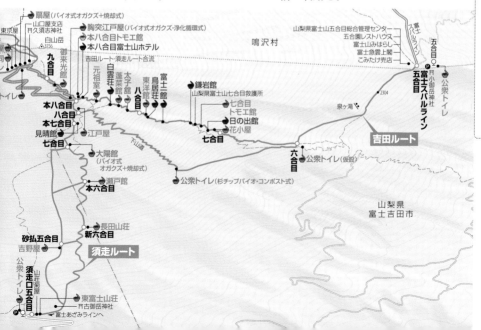

山小屋の利用法と過ごし方

登山最盛期には、休憩や宿泊など
24時間体制で受け入れてくれる山小屋も。
限られたスペースで、より快適に過ごすため、
利用法やマナーをきちんと知っておこう。

山小屋の利用ポイント　Check！

・登山日程が決まったら事前に予約を
・電気なしを前提に装備を準備
・ほとんどが夏期（7・8月）のみの営業

富士山の山小屋とは

　富士山の山小屋は北アルプスや八ヶ岳の山小屋とは少しだけ様子が異なる。北アルプスなどでは夜間に歩くことはまずないが、富士山の場合はご来光を求めての夜間登山がふつう。そのため、もともと早寝早起きの山小屋生活も、富士山の場合は特に起床が早まる。夕方に早めの夕食をすませて、就寝が20〜21時ごろ、起床は山小屋の標高次第で翌0〜2時ごろ。つまり、山小屋ライフを楽しむ余裕は余りなく、仮眠施設的な存在であるともいえる。

　宿泊に際しては、他のエリアの山小屋同様に予約は必須で、シーズン中の週末は急激な荒天にでもならない限り、予約なしの登山者に対応してくれる山小屋はきわめて少ないと考えたほうがいいだろう。

快適に過ごすためのポイント

　山小屋といっても基本的には日常生活の延長。宿泊する山小屋のルールに従い、あとは周囲に気を配るだけで十分だ。とはいえ、富士山の山小屋ならではの特殊性もある。初めての人は、次の11カ条をチェックしておこう。

11カ条

①キャンセルは必ず連絡
キャンセルだけでなく、到着が大きく遅れる時も連絡を。

②寝床でのおしゃべりは禁物
誰もが早立ち狙い。就寝時のおしゃべりは厳禁だ。

③荷物には目印を
相部屋が基本なので、バンダナなどで自分の荷物に目印を。

④ゴミは持ち帰る
持ってきたゴミは持ち帰りが鉄則。ビニール袋を忘れずに。

⑤携帯電話はOFFかマナーモードに
万一に備え、電源はできるだけOFFにしておこう。就寝時は最低限、マナーモードに。

⑥濡れた衣服で寝ない
寝具などを汚さないよう、濡れていたり汚れたりしている服は着替えること。

⑦飲酒や睡眠導入剤に注意
飲酒は脱水を促進させる恐れあり。睡眠導入剤は呼吸を浅くし、高山病を悪化させる危険あり。

⑧寝苦しい時は半身を起こし気味に
高山病は睡眠中に進行しやすい。睡眠中に呼吸の苦しさを感じた時は、枕を高くしたり半身を起こしたりすると楽になる。

⑨枕元には水とヘッドランプを
夜に喉が渇くことも多いので水を忘れずに。ヘッドランプは消灯後にトイレに行くとき用。

⑩ウェットティッシュを活用
洗面用の水はないため、ウェットティッシュで代用する。

⑪山小屋で販売する水を活用
高山病を防ぐには、水分の多めの摂取が不可欠。途中の山小屋ごとにペットボトルを購入すれば、荷物を軽くすることもできる。

山小屋での過ごし方例

山頂でご来光を見るために、山小屋に宿泊する際の過ごし方を紹介しよう。

① 14〜15時 チェックイン

② （チェックイン後）部屋（寝室）へ

受付でまずは予約済みである旨を伝え、宿帳の記入、宿泊料金の支払いを済ます。この時、夕食や消灯の時間などを記した利用案内に目を通しておこう。

部屋（寝室）に案内してもらって自分の寝床を確認。服が濡れていたりする場合は寝具を汚さないために着替える。翌日に歩く服に着替えておくと後がラク。

③ 17〜18時 夕食をとる

④ 20〜21時 出発に備えて早く寝る

夕食は17時前後から始まり、到着順に20時ぐらいまで。カレーライスがメイン。1泊2食付きで予約した場合は、夕食時に翌日の弁当を配布する小屋が多い。

夕食後は、深夜の出発に備えて早めに就寝。消灯は20〜21時ごろ。枕元には水筒とヘッドランプ、トイレ用の小銭を忘れずに。山小屋の標高にもよるが、出発は翌0〜2時ごろ。

天気と環境

天候の変化と、寒暖の差が激しい富士登山。
夏であっても山頂は真冬なみの寒さだ。
刻々と変化する天気の状況を頭に入れ、
防寒着なども万全に。無理は絶対禁物。

過酷な富士山の環境

- 真夏でも山頂は真冬の寒さ
- 寒暖差は衣類でこまめに調節
- 悪天候の場合は登山を中止！

富士山の天気の特徴

●標高差と気温の変動を知る

　富士山の標高は3776m。日本一高い山だ
けに、山上の気温は山麓よりもかなり低く
なる。気温は標高が100m上がると0.6度低
下するといわれる。4大ルートの起点とな
る新五合目や五合目の標高は1440〜2380m。
標高0mで30度だった場合、吉田ルートの
起点となる富士山五合目（2305m）で約16
度、富士山頂は約7度になる。8月の富士
山頂の平均最高気温は9.5度、平均最低気
温は3.8度。月間平均気温は約6.4度で、こ
れは北海道の年間平均気温に相応する。

　また、これに日射や風の影響が加わる。
日射が強ければ暑く感じ、風が吹けば体感
温度もぐっと下がってくる。

●風の影響

　独立峰の富士山は、風の影響を強く受け
る。8月の平均風速は約8m/秒と強く、
過去には瞬間最大風速91m/秒を記録した
こともある。冬は上からも下からも旋風が
巻き上がり、立っていることすら困難な時
もある。風速が1m強まると体感温度は1
度下がるといわれ、このことからみても山
頂での気候の厳しさがわかる。また、山頂
に近づくほど紫外線も強くなるので、紫外
線対策も必要だ（気温は1991〜2020年、風
速は1991〜2004年の平均。気象庁データ）。

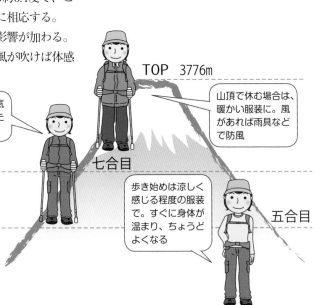

風があったり、気
温が下がってきた
ら防寒着で調節

TOP　3776m

山頂で休む場合は、
暖かい服装に。風
があれば雨具など
で防風

七合目

標高差の大きい富士山では、それ
ぞれに対応できるようなウエアの準
備が必要となる。時間帯や天候
によっても差はあるが、五合目に
比べ、山頂は単純計算でおよそ
10℃も気温が低くなる。上手に
重ね着をして対応しよう

歩き始めは涼しく
感じる程度の服装
で。すぐに身体が
温まり、ちょうど
よくなる

五合目

●衣類を調節して寒暖差に対応

1日で3シーズンを体験するという富士登山。富士山には樹林がほとんどないため、日差しを遮るものがなく、日中は日射の影響を強く受ける。また、岩からの照り返しや、「山を登る」という運動量も加わり、汗もかくので、半袖等の薄手のウエアが必要になる。

一方で、天候が荒れたときや朝夕の寒さに備え、また休憩時の冷え防止などにフリースや薄手ダウンなどの防寒着が必要だ。

このように、富士登山では標高や刻々と変化する天気・気温、さらに運動量によって、ウエアを脱いだり、重ね着するなど、こまめな調節が重要となってくる。

 ## 雷について

富士山の特徴として、乱気流や雷が発生しやすいという点がある。登山中に雷に遭うというのは、非常に危険。雷が起こるような天候の際は登山を中止しよう。

雷のメカニズムは2つ。

ひとつは、上空で寒気と暖気がぶつかり合ったときに上昇気流ができて発生するもの。もうひとつは、強い日差しにより地表付近の湿った空気が暖められ、上昇気流によって積乱雲が発生し、雷が鳴るというものだ。夏の晴れた日の午後に雷が発生しやすいのは、後者の理由による。

樹林帯がほとんどない富士山では、雷が起きると避難する場所がなく危険。これを避けるには、午後早めに山小屋に入る計画を立てるとよい。

それでも万が一雷に遭ってしまったら、低姿勢で少しでも低い場所に避難しよう。傘は厳禁。また、グループ行動の場合は、一度に複数人が被雷することを避けるため、固まらずに距離を置いて逃げるとよい。

 ## 荒天時は登山中止

天気が悪い日の富士登山は非常に危険。麓で小雨であっても、山頂では冷たい雨が降り、気温も低くなっている。こんな日の登山は風も強く、体をあっという間に冷やし、体力を消耗させる。その場合は無理をせず登山を中止しよう。

天気予報については、登山1週間程度前からの予報をテレビやインターネットなどを活用してチェックするといい。続けてチェックすることで天気の周期がわかり、山行実施の判断や計画立案の役に立つ。

天気予報・気象データウェブサイト

●富士山の天気(日本気象協会)

https://tenki.jp/mountain/famous100/5/25/150.html
富士山頂付近の気温や風、周辺地域の天気。

●気象庁・富士山頂の過去気象データ

https://www.jma.go.jp/jma/index.html
気象庁ホームページの検索窓から「各種データ・資料」→「過去の気象データ検索」へと進み、「地点の選択」から「静岡県」→「富士山」を選択する。

●週間寒気予想

http://www1.ystenki.jp/kanki.html
1500mの上空の寒気の移り変わりを動画で見ることができる。

●山の天気予報(ヤマテン)

https://i.yamatenki.co.jp/
登山経験豊富な気象予報士が、翌日、翌々日の6時間後ごとの天気、気温、風向、風速、気象予報士のコメントを配信する。月額330円。

ケガや病気の対処法

山ではちょっとした体調不良や小さなケガが
深刻な事態を引き起こす場合もある。
吉田、富士宮ルートには救護所があるので、
不安な場合は相談を。

備えあれば憂いなし

・ファーストエイドキットを用意
・ケガを防ぐ予防対策が重要
・応急処置の基本RICESをマスター

ファーストエイドキットを

切り傷やすり傷、靴ずれやマメなど登山
中の急なケガや病気に対応する医薬品は必

需品。絆創膏や常備薬など、オリジナルの
ファーストエイドキットを必ず用意しよう。
健康保険証や筆記用具も忘れずに。

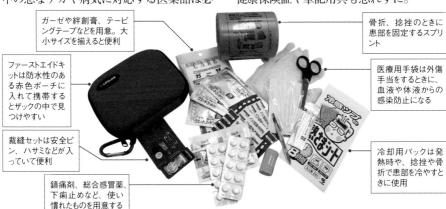

ガーゼや絆創膏、テーピングテープなどを用意。大小サイズを揃えると便利

ファーストエイドキットは防水性のある赤色ポーチに入れて携帯するとザックの中で見つけやすい

裁縫セットは安全ピン、ハサミなどが入っていて便利

鎮痛剤、総合感冒薬、下痢止めなど、使い慣れたものを用意する

骨折、捻挫のときに患部を固定するスプリント

医療用手袋は外傷手当をするときに、血液や体液からの感染防止になる

冷却用パックは発熱時や、捻挫や骨折で患部を冷やすときに使用

熱中症

気温や湿度が高いところで激しい運動を
した場合に体のクーリングが追いつかずに、
体温が上がったままになった状態をいう。
日射病（熱疲労：多量の汗、めまい、頭痛、
吐き気、顔面蒼白など）や熱けいれん（手足
や腹部の筋肉けいれん）へと進行する。軽
症は疲労などと症状が似ているが、進行す
ると重篤な熱射病（体温40℃以上、意識障
害、全身けいれん、筋硬直など）になり、
生命の危機となるケースもある。

事前の予防策は、日ごろからクーラーの

あたり過ぎに注意し、暑さに慣れること。
また、登山前の過労は避けることが大切。
山では吸汗速乾性のあるウエアを着用し、
帽子はツバが大きく首筋も覆うものに。ま
たスポーツドリンクなどをこまめに飲み、
脱水症状にならないように気をつけよう。

対処法 ウエアを緩め、岩陰や山小屋など直
射日光が当たらない風通しのよい場所で体を休め、
スポーツドリンクなどを少しずつ飲ませる。顔色が
悪い場合は、足をやや上げて寝かせ、身体が熱
い場合は濡れタオルを額や首筋にあて、あおいで
風を送り冷やす。身体が冷たい場合は重ね着で
保温。重篤にならないうちに対処を。

足がつる

　足がつる（こむらがえり）原因は水分不足と疲労にあるとされている。汗による水分や塩分不足は進行すると重篤な状態になるので、こまめな水分補給が大切（P80参照）。疲労は、日ごろからの体力作りに加え、適切な歩き方、休憩をとりながらの無理のない行程などで予防ができる。疲れをためないために、適切な登山靴選びも重要だ。

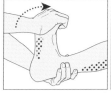
ふくらはぎがつった場合、足首をもってゆっくりと反らせる

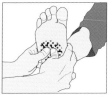
足の裏がつったときは、足裏全体を押ながらほぐしていく

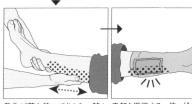
発作が落ち着いてきたら、静かに患部をさする｜患部を保温する。使い捨てカイロを靴下などの上から貼るのもよい

対処法　つった筋の作用方向と反対方向に関節をゆっくり動かすことで、発作を抑える。ふくらはぎの場合は、足首をゆっくりと静かに反らせていき、落ち着いたら、筋を揉みほぐす。

 靴ずれ・マメ

　靴ずれやマメの原因は、足が湿っている、サイズの合わない登山靴、靴下を履いていることなどにある。
　靴下が靴の中でよれていては靴ずれの原因になるので、登山靴のサイズ選びはもちろん、靴下のサイズ選びや素材選びも重要だ。たくさん汗をかく足には、ウールや化

学繊維などの速乾性やクッション性のある素材がベスト。乾きにくいコットンは登山には不向き。また、登山用靴下は編み方にも工夫があり、汗を素早く靴の外に出すよう機能的にデザインされている。

対処法　できる前の予防が大切。マメのできやすいところに事前に処置をしておくほか、おかしいな、と感じた時点で（うっすら赤くなった程度）、テーピングテープやマメ予防絆創膏を貼って予防。
　できてしまった場合も、絆創膏で保護。傷口があれば、清潔にして消毒を施し、水泡は潰れないようにテーピングテープで保護。水泡が大きい場合は、熱した針などで破いて液を抜き、消毒してから絆創膏を貼るといい。

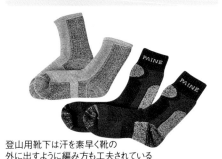
登山用靴下は汗を素早く靴の外に出すように編み方も工夫されている

 捻挫・骨折 （P90参照）

　山で多い事故が転倒・滑落・転落。それにともない捻挫や骨折も多いケガだ。医師ではない者が、捻挫か骨折か見分けるのは難しいが、基本的な応急処置は同じ。まずは、患部を動かさずに安静にし、P90で紹介する応急処置を。応急手当は各段階の頭文字を取って「RICE」（ライス）、「RICES」（ライシス）などとよばれる。
　明らかな患部の変形、ピンポイントの強い痛み、顔面蒼白などは骨折が疑われる。開放骨折は止血と一刻も早い医療機関への搬送が必要だ。また、頭蓋や頸椎、骨盤を負傷している場合も緊急性が高い。

富士登山の基礎知識

⑰

ケガや病気の対処法

覚えておきたい
とっさの応急処置
R I C E S （ライシス）

❶ Rest（安静）

安静が第一。患部をなるべく動かさないようにし、
行動は中止。下山の計画を立てる

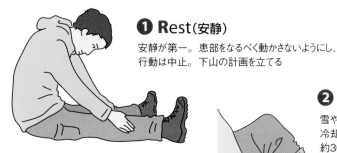

❷ Icing（冷却）

雪や流水、なければ
冷却材などを使って
約30分程度
患部を冷やす

❸ Compression（圧迫）

腫れを抑えるために
テーピングテープや弾力包帯で患部を巻く。
固定する意味もある

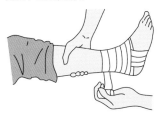

❹ Elevation（挙上）

救助を待っている間や自力下山の休憩中など、
できる限り患部は上に上げておく

❺ Stabilization（固定）/
Support（支援）

自力下山する場合は、
新聞紙やストックなど、
あるものを副木とし、患部を固定。
また、ケガ人は心細いもの。
周囲がケガ人を励まし、
精神的サポートもする

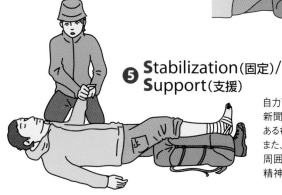

※日本整形外科スポーツ医学会などでは応急処置について「RICE」（ライス）の名称を使っているが、さらに処置を追加した「RICES」「PRICE」などの呼称も使われている。

富士山周辺トレッキング

富士山の中腹や五合目周辺には、
春や秋も楽しめる魅力的なコースがいっぱい。
富士の雄大さを楽しみながら歩いてみよう。

富士登拝の歴史を感じながらたどる

吉田口遊歩道

よしだぐちゆうほどう

コースタイム	6時間5分
コース距離	約18.8km
レベル	初級　体力★★☆　技術★☆☆

シーズン

	1月	2月	3月	4月	5月	6月	7月	8月	9月	10月	11月	12月

凡例：適期／準適期

アドバイス
・北口本宮冨士浅間神社から中の茶屋までは、飲み物や食料を補給できるところがないので事前に用意を。
・富士山駅から中の茶屋、馬返へはバスの運行もある。時間によりバス利用で歩程を短縮できる。
・北口本宮冨士浅間神社についてはP98も参照。

　一時は荒廃していた、かつての富士登拝道が整備されたことで、2006年に北口本宮冨士浅間神社から馬返までが吉田口遊歩道として復活した。「富士山再発見の道」と名付けられ、要所に道標も設けられている。富士講の歴史と富士山麓の自然に触れながら、のんびり遊歩道をたどってみよう。

▲富士山を正面に仰ぐ国道139号沿いには御師の家が点在している

▲大鳥居をくぐれば北口本宮冨士浅間神社の拝殿の前に到着

▲遊歩道沿いではフジザクラも見られる

コース

富士山駅 ─30分 1.7km 850m→ 北口本宮冨士浅間神社 865m ─35分 1.8km→ 東富士五湖道路 959m ─50分 2.1km→ 中の茶屋 1100m ─1時間20分 3.8km→ 馬返 1450m ─1時間5分 3.8km→ 中の茶屋 1100m ─45分 2.1km→ 東富士五湖道路 959m ─30分 1.8km→ 北口本宮冨士浅間神社 865m ─30分 1.7km→ 富士山駅 850m

ここに立ち寄ろう

　富士登山の歴史や文化などを深く知りたいときは、富士吉田市の**ふじさんミュージアム**へ。御師町の繁栄を示す銅版画や御師宿坊の祭具など、豊富な資料を展示。富士講で賑わった吉田口の歴史を実感できる。北口本宮冨士浅間神社から東海自然歩道をたどると40分ほどで行ける。☎0555-24-2411 ❷富士山駅から山中湖方面行き富士急バスで約15分、ふじさんミュージアム前下車すぐ ⏰9時30分～17時 ❌火曜（祝日は開館）、祝日の翌日（日曜、祝日は除く）🎫400円 🅿90台

木立を抜けて博物館前へ

アクセス
●公共交通機関
[行き・帰り]
JR中央本線・大月駅→富士急行線普通45分→富士山駅
※富士山駅から浅間神社を経て中の茶屋～馬返へは、富士急山梨ハイヤーにより、10人乗りワゴン車を使った「馬返バス」が運行されている。4月中旬～11月初旬の土・日曜、祝日を中心に、7月初旬～8月末は毎日運行。1日2往復。

●マイカー
沿道の駐車場は、北口本宮冨士浅間神社、諏訪の森自然公園（富士パインズパーク）、馬返などに完備。

問合せ先
富士吉田市富士山課
☎0555-22-1111
富士急山梨ハイヤー
☎0120-818-229

コースガイド

富士急行線の**富士山駅❶**を起点にウォーキングを開始。駅前ターミナルから国道137号に出て右の国道139号との交差点に行くと、右手に大きな金鳥居が立っている。金鳥居をくぐり、北口本宮冨士浅間神社に向かうが、国道沿いにはかつての富士講の世話人を務めた御師の家が多い。そんな御師の一軒、旧外川家住宅は富士吉田市市営ふじさんミュージアムの付属施設。時間があれば内部を見学していきたい。

国道138号との交差点に出て左に進めば、すぐに右手に北口本宮冨士浅間神社の参道が現れる。石灯籠の並ぶ参道をたどって**北口本宮冨士浅間神社❷**の拝殿に着く。国の重要文化財に指定されている本殿や東宮、西宮をはじめ、壮麗な建物が立ち並び、太郎杉などの古木が茂っている。

拝殿の右奥に立つ西宮の右手が吉田口登山道の登拝口にあたる。鳥居をくぐり、左に祖霊社を見て車道に出たら左へ。日本武尊が遥拝したと伝わる大塚丘を見た先に吉田口遊歩道の入口がある。

樹林の中に続くたんたんとした遊歩道をたどっていく。**東富士五湖道路❸**をくぐり、なおも遊歩道を行くと、軽食メニューやみやげ物の販売もある**中の茶屋❹**に着く。一帯は、フジザクラ（マメザクラ）

の名所で、4月下旬には2万本にも及ぶフジザクラが咲く。

中の茶屋で左に林道滝沢線を見送り、右の馬返への舗装路を進む。かつて大石茶屋のあったあたりは、7月になるとレンゲツツジの群生が開花する。大石茶屋跡を過ぎるころ、遊歩道もやや傾斜を増す。直線的だった道がカーブするようになり、ほどなく**馬返❺**に達する。この先は本格的な登山道（P98〜99参照）。

樹林の中に続く遊歩道

登山口には石鳥居が立っている。富士講で賑わった往時を偲んでから、往路を戻ろう。

なお富士山駅から中の茶屋を経て馬返へは、馬返バスが運行している。時間や足並みにより、往路や帰路などの片道をバス利用とすることも可能だ。

2万5000分の1地形図　富士吉田

吉田口遊歩道

3つの洞窟を結んで森の中を歩く

青木ヶ原樹海

あおきがはらじゅかい

コースタイム	**1**時間**40**分
コース距離	約**4.5**km
レベル	**入門**　体力★☆☆ 技術★☆☆

シーズン

	1月	2月	3月	4月	5月	6月	7月	8月	9月	10月	11月	12月

凡例：■適期　■準適期

アドバイス
・富士河口湖町認定のネイチャーガイドとともに青木ヶ原を歩くガイドツアーに参加するのもいい。(問)西湖ネイチャーセンター☎0555-82-3111
・樹海内には水や食料を補給するところはない。また、トイレもないので、出発前に必ず済ませておこう。
・洞窟内は気温が低いので、見学には上着を忘れずに。

▲青木ヶ原樹海の遊歩道沿いに見られる「檜の奇木」

▲横穴式の西湖コウモリ穴はコウモリが生息する

▲富岳風穴は玄武岩で形成され音が響かない

富士山の北西麓に広がる青木ヶ原樹海は、その広さおよそ30㎢。溶岩流の上にヒノキやツガ、カエデ、ミズナラなどが森林をつくり、林床を苔が絨毯のように覆う。周辺には、溶岩流によって形成された洞窟も多い。樹海の散策とともに、代表的な3つの洞窟を探検するコースを歩こう。

コース

西湖コウモリ穴バス停		野鳥の水飲み場		富岳風穴		鳴沢氷穴		氷穴バス停
	30分 1.0km		40分 1.9km		20分 1.1km		10分 0.5km	
918m		930m		1000m		1020m		1005m

アクセス

●公共交通機関
[行き] 富士急行線・河口湖駅→富士急バス(西湖周遊バス)約35分→西湖コウモリ穴
[帰り] 氷穴→富士急バス約25分→河口湖駅
●マイカー
西湖コウモリ穴や富岳風穴、鳴沢氷穴に見学者用駐車場が完備している。

問合せ先

富士河口湖町観光課
☎0555-72-3168
鳴沢村企画課☎0555-85-2312
富士急バス本社営業所
☎0555-72-6877
富士急山梨ハイヤー
☎0120-818-229

ここに立ち寄ろう

　帰路に時間の余裕があったら、**道の駅なるさわ**に立ち寄りたい。鳴沢の朝採り高原野菜など、地場産みやげが揃う。敷地内には、なるさわ富士山博物館や、日帰り温泉施設の富士眺望の湯ゆらり(P115参照)も隣接する。道の駅なるさわ☎0555-85-3900(交)氷穴バス停から河口湖駅方面行き富士急バス約3分、富士緑の休暇村下車すぐ。河口湖駅から同バス約20分(物)産館9〜18時(季節変動あり)(休)無休(P)260台。なるさわ富士山博物館☎0555-20-5600(時)9〜18時(冬期〜17時)(休)無休(料)無料

▼富士山が望める道の駅なるさわ

直径10cm以上の氷筍が見られる鳴沢氷穴

コースガイド

河口湖駅からの西湖周遊バスを西湖コウモリ穴バス停❶で下車したら、まず西湖コウモリ穴を探検しよう。富士山麓でも最大級の洞窟で、総延長は386m。その名のとおり、コウモリの冬眠場所になっているため、コウモリ保護のため冬期は休業する。洞内は上下2層の複合型。溶岩棚や縄状溶岩など、溶岩流の激しさを物語る景観が展開する。

西湖コウモリ穴の見学を終えたら、いよいよ青木ヶ原樹海へスタート。遊歩道にはウッドチップが敷かれて、歩きやすい。西湖野鳥の森公園方面に遊歩道を進むと、ツガの巨木帯や、雨やどりの穴が現れる。その先で「檜の奇木」を見れば、まもなく野鳥の水飲み場❷に到着する。

野鳥の水飲み場でひと休みしたあと、富岳風穴方面への遊歩道に入る。樹林と苔と岩の織り成す、青木ヶ原ならではの景観を楽しみながら歩くこと30分ほどで車道に出る。車道を右に折れ、国道139

号を横断して富岳風穴❸に向かう。総延長201mという巨大な洞窟で、国の天然記念物に指定されている。ぽっかりと岩が口をあけたような入口から洞内に入ると、溶岩棚や鍾乳石などが見られる。洞内の平均気温は3℃と、夏でもひんやり。この特性を生かし、かつては種苗の保存や繭玉の貯蔵に利用していたこともある。

富岳風穴からは鳴沢氷穴方面への遊歩道を進む。この道は、青木ヶ原樹海を気軽に楽しめることもあって、観光客も多く往来する。富士山の側火山にあたる長尾山の噴火によってできた鳴沢氷穴❹も国の天然記念物。総延長は153mの縦穴で、洞内の平均気温が2〜3℃と低く、氷柱や氷筍が見られる。鳴沢氷穴の見学を終えたら、車道を進んで国道139号沿いにある氷穴バス停❺へ出よう。

DATA

西湖コウモリ穴
☎0555-82-3111
🕐9〜17時（季節変動あり）🏖12月1日〜3月19日🎫入洞300円🅿60台
富岳風穴
☎0555-85-2300
🕐9〜16時（季節変動あり）🏖無休（臨休あり）🎫入洞350円🅿150台
鳴沢氷穴
☎0555-85-2301
🕐9〜16時（季節変動あり）🏖無休（臨休あり）🎫入洞350円🅿100台

青木ヶ原樹海

2万5000分の1地形図　鳴沢

田貫湖～朝霧高原

富士山を仰いでたどる湧水の里の道

たぬきこ　あさぎりこうげん

コースタイム	2時間40分
コース距離	約9.7km
レベル	入門　体力★☆☆／技術★☆☆

アドバイス

・猪之頭集落内などは道路が入り組んでいるので、2万5000分の1地形図など、なるべく詳細な地図を持参したほうがよい。
・田貫湖畔からは、富士山の山頂から朝日が昇る「ダイヤモンド富士」が見られる。4月20日ごろと8月20日ごろが適期だ。
・日差しの強い時期は、帽子が必携。虫除け対策も忘れずに。

▲木道を歩いて自然観察ができる小田貫湿原。一周30分ほど

▲休暇村富士の展望デッキからは田貫湖の奥に秀麗な富士山が望める

▲陣馬の滝は規模は小さいものの独特の美しさ

富士山の西麓には、田貫湖をはじめ、朝霧高原や猪之頭湧水群など、富士の恵みを受けた多様な景勝地が点在する。それらを結ぶコースは、一部に東海自然歩道を含み、全体に平坦な歩きやすい道をたどる。のどかで、おおらかな山麓風景を存分に楽しみながら、富士の恵みを実感したい。

コース

休暇村富士バス停		東海自然歩道入口		小田貫湿原		陣馬の滝		猪之頭公園		朝霧高原バス停
	25分 1.6km		20分 1.3km		45分 2.2km		30分 1.8km		40分 2.8km	
670m		718m		690m		700m		732m		790m

アクセス

●公共交通機関
【行き】JR身延線・富士宮駅→富士急静岡バス約45分→休暇村富士
※休暇村富士行きのバスの運行本数は少ない。休暇村富士へは東京駅から1日1本、富士急高速バスが運行されている（2024年2月現在運休中）。
【帰り】朝霧高原→富士急バス約35分→富士宮駅
※このバスは富士宮駅を経由してJR東海道新幹線・新富士駅に行く。

●マイカー
田貫湖をはじめ、小田貫湿原、陣馬の滝、猪之頭公園に駐車場がある。

問合せ先
富士宮市観光課
☎0544-22-1155
富士急静岡バス富士宮営業所
☎0544-26-8151
石川タクシー富士（富士宮駅）
☎0544-24-2222

ここに立ち寄ろう

このエリア最大の観光スポットといえば、白糸の滝。高さ20m、幅150mに及ぶ湾曲した絶壁を大小数百にものぼる滝が流れ落ちている。国の名勝および天然記念物に指定され、「日本の滝百選」にも選出。白糸の滝の近くには、高さ25mを豪快に流れ落ちる音止の滝も。☎0544-27-5240（富士宮市観光協会）❎朝霧高原バス停から富士宮駅方面行き富士急バス約10分、白糸の滝入口下車、徒歩10分。富士宮駅からは富士急静岡バス約30分、白糸の滝下車、徒歩5分 ⏱見学自由 🅿105台

新緑や紅葉のシーズンは魅力を増す白糸の滝

田貫湖〜朝霧高原

コースガイド

　富士宮駅からのバスを田貫湖畔の**休暇村富士バス停①**で下車し、休暇村富士の湖畔の展望デッキへ。田貫湖越しの富士山は、大沢崩れを中央に据えた迫力ある姿でそびえる。

　休暇村富士を後に田貫湖西岸の遊歩道を進む。広い車道を行くようになってまもなく、山裾に延びる細い道に入ると、**東海自然歩道入口②**がある。山裾に沿うように延びる東海自然歩道を進んで**小田貫湿原③**に到着。富士山麓では珍しい低層湿原で、一周約900mの遊歩道が設けられている。4月下旬のマメザクラに始まり、ミツバツツジ、ヤマツツジ、ノハナショウブ、アサマフウロ、マツムシソウなど、10月上旬まで多彩な花が見られる。

　なおも東海自然歩道をたどり、猪之頭集落内を進むと、**遠照寺**が現れる。源頼朝の巻狩り伝説を残す古刹で、境内には頼朝が陣馬の滝の下から発見したという「太鼓石」がある。その**陣馬の滝④**は、遠照寺から北側に進んでわずかな距離。かつて源頼朝が近くに陣を張ったことから命名された滝で、五斗目木川の流れと溶岩層の隙間からの湧水が繊細な美しさを見せている。

　陣馬の滝からさらに東海自然歩道を進み、井之頭中学校に着いたら、猪之頭公園を往復してこよう。**猪之頭公園⑤**

は、静岡県水産技術研究所富士養鱒場を中心に広がり、ニジマス釣り場や鱒料理店もある。

　猪之頭公園から井之頭中学校まで戻って、再び東海自然歩道をたどる。五斗目木川に架かる石橋を渡り、朝霧高原の西端部を行くと、やや広い

車道に出る。ここで右折して国道139号に出ると、**朝霧高原バス停⑥**に着く。

湧水を利用したワサビ栽培も盛んな猪之頭地区

田貫湖〜朝霧高原

本栖湖・河口湖駅へ→
朝霧高原バス停⑥
朝霧グリーンパーク
N
1:40,000
0　500m　1000m
0:40
△925
井之頭中学校
猪の頭入口
0:30
猪の頭
⑤ 猪之頭公園
伊勢神明宮
猪之頭湧水群
陣馬の滝④
富士養鱒場
猪之頭
卍遠照寺
139
△951
井之頭小学校
富士宮道路
Foresters Village Kobitt あさぎりキャンプフィールド
0:45
Fuji Camp Village
芝川
小田貫湿原③
朝霧富士宮線
田貫湖入口
0:20
Ｐ
田貫神社
△729
②東海自然歩道入口
東海自然歩道
Ｐ
田貫湖畔公園 Ｐ
Ｐ
田貫湖南
長者ヶ岳へ
0:25
田貫湖
展望デッキ
①休暇村富士バス停
田貫湖ふれあい自然塾
休暇村富士
田貫湖キャンプ場
日本大学花鳥山脈実習場
白糸の滝・富士宮駅へ←　→富士宮駅へ

2万5000分の1地形図　人穴

富士講で栄えた登拝道の歴史を偲んで

吉田口登山道

よしだぐちとざんどう

コースタイム	**2**時間**50**分
コース距離	約**5.3**km
レベル	**初級** 体力★★☆ 技術★★☆

アドバイス
・五合目まで水や食糧の補給場所はないので多めに持参を。
・富士山駅から馬返までを歩くコースはP92〜93を参照。

シーズン

	1月	2月	3月	4月	5月	6月	7月	8月	9月	10月	11月	12月
					準適期	適期	適期	適期	適期	適期	準適期	

▲吉田口登山道は終始、広葉樹と針葉樹の混合林のなかに続いている

▲二合目に残された社殿。いにしえの栄華を偲ばせる

▲一合目の鳥居の手前には猿の狛犬が立つ

吉田口登山道の五合目以下は、かつては富士山頂への登山道として賑わったが、富士スバルラインの開通で登山者が激減した。現在では、古道を見直す動きがあり、静かな山歩きを楽しみたい人や一合目から山頂まで歩きたい人などの姿を見る。ところどころに神社の建物跡、登拝記念碑、朽ち果てた山小屋の跡が残っていて、昔日の面影を偲ぶことができる。

コース

馬返		一合目		二合目		三合目		四合五勺		五合目		泉ヶ滝		富士山五合目バス停
	15分		30分		20分		30分		35分		10分		30分	
	0.3km		1.1km		0.5km		0.9km		0.9km		0.6km		1.0km	
1430m		1510m		1710m		1840m		1970m		2220m		2280m		2305m

アクセス
● 公共交通機関
[行き] 富士急行線・富士山駅→富士急山梨ハイヤー(馬返バス)約30分→馬返
※ワゴン車による「馬返バス」は、4月中旬〜11月初旬の土・日曜、祝日を中心に、7月初旬〜8月末は毎日運行。1日2往復。
[帰り] 富士山五合目→富士急バス約55分→富士急行線・河口湖駅

● マイカー
馬返と富士スバルライン五合目(マイカー規制あり)に駐車場がある。

問合せ先
富士吉田市富士山課
☎0555-22-1111
富士急山梨ハイヤー
☎0120-818-229
富士急バス本社営業所
☎0555-72-6877

ここに立ち寄ろう

馬返から吉田口登山道を登る前に参拝しておきたいのが**北口本宮冨士浅間神社**だ。延暦7(788)年の創建と伝わる古社で、吉田口登山道の起点として篤い信仰を集めてきた。木花開耶姫命などを祀り、杉の巨木が茂る境内に華麗な拝殿や本殿をはじめ、東宮、西宮、諏訪拝殿などが立ち並んでいる。日本最大の木造鳥居という大鳥居には「三国第一山」の扁額が架かり、威光を放つ。

厳かな雰囲気の漂う北口本宮冨士浅間神社

コースガイド

馬返❶までは、富士山駅から馬返バスかタクシーを利用する。

駐車場を後にして、ゆるやかな参道をたどり、猿の狛犬を見て、石の鳥居をくぐる。樹林のなかを行くと、やがて道幅が狭くなり、登拝路の雰囲気に包まれる。一合目❷で鈴原神社を見る。傾斜が増して、周辺にはツガが目立つ。右手に沢筋地形を従えた樹林帯は、「富士山原生林」の奥深さを感じることができる。

二合目❸に着くと、正面には荒廃した御室浅間神社（現在は里宮へ遷宮）が残っている。御室浅間橋を渡ったあと、林道滝沢線へつながる林道を横断する。石の敷かれた箇所を過ぎ、黒い火山砂を踏んで進む。

掘割状の道をたどり、ジグザグ道を折り返して三合目❹に着く。やや明るい雰囲気の平地に、壊れかかった山小屋が残る。細尾野橋を渡り、火山岩や火山礫を踏んで高度を上げていく。

四合五勺❺では御座石浅間神社や富士講の石碑を見る。山麓側の樹高が低くなり、わずかながら展望が開ける。崩れ落ちた小屋跡を過ぎるころ、シラカバやシャクナゲを目にする。林道滝沢線に出て、わずかに登ると、佐藤小屋の立つ五合目❻に出る。ここから富士スバルライン五合目まで

吉田ルートの泉ヶ滝に到着。左に六合目への道が延びている

は山腹を巻くように水平に続く林道をたどる。泉ヶ滝❼に出て、左に六合目への吉田ルート登山道を見送る。幅広の林道を歩き、富士山五合目バス停❽に着く。

四合目では溶岩流を踏む

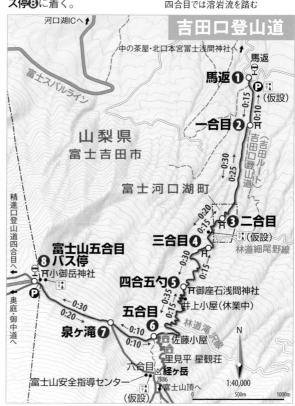

吉田口登山道

河口湖ICへ

中の茶屋・北口本宮富士浅間神社へ

富士スバルライン

山梨県
富士吉田市

富士河口湖町

精進口登山道四合目へ

奥庭 御中道へ

馬返❶
0:15 (仮設)
0:10
一合目❷
（吉田ルート）吉田口登山道
0:30
0:25
二合目 ❸
(仮設)
林道細尾野線
三合目❹
0:20
0:15
0:15
0:30
四合五勺❺
0:35
御座石浅間神社
井上小屋(休業中)
富士山五合目バス停❽
小御岳神社
0:15
0:15
五合目❻
林道滝沢線
0:30
0:20
0:10
佐藤小屋
0:10
泉ヶ滝❼
里見平 星観荘
六合目
経ヶ岳
2886
富士山安全指導センター
(仮設)
富士山頂へ

N

1:40,000
500m 1000m

2万5000分の1地形図　須走・富士山

99

豊かな自然と富士の雄大さを満喫する

精進口登山道

しょうじぐちとざんどう

コースタイム	**6**時間**50**分
コース距離	約**17.5**km
レベル	**中級**　体力 ★★★／技術 ★★☆

アドバイス
・技術的には難しくないが、行程が長い。時間的な余裕をもった計画を。
・体調や天候が悪い場合は、三合目からバスで下山しよう。

シーズン

| | 適期 | 準適期 |

1月	2月	3月	4月	5月	6月	7月	8月	9月	10月	11月	12月
				準	適	適	準	適	適		

▲一合目から二合目にかけては樹林の中にたんたんとした歩きやすい道が続く

▲富士風穴の入口に立つ石標

▲富士スバルラインのトンネルをくぐり三合目へ

精進湖の南東岸から富士スバルライン五合目まで、富士山の北西斜面に長く延びる精進口登山道。距離が長いこともあり、この登山道をたどるハイカーは少ないが、それだけに、富士山の大きさをじっくりと体感するには最適のコースといえるだろう。二合目付近のブナをはじめとした原生林は国の天然記念物にも指定されており、多様な木々の美しさが堪能できる。

コース

赤池バス停		道標SYO16地点		県道71号		一合目		二合目		三合目		四合目		富士山五合目バス停
	55分 2.4km		55分 2.4km		1時間40分 4.1km		40分 2.0km		55分 2.4km		1時間5分 2.4km		40分 1.8km	
911m		983m		1102m		1355m		1535m		1785m		2060m		2305m

アクセス

●公共交通機関
[行き]　富士急行線・河口湖駅→富士急バス約30分→赤池
※新富士駅行きか本栖湖方面行きを利用。赤池への始発バスが9時台と遅いので、行きはタクシー利用も考えたい。
[帰り]　富士山五合目→富士急バス約55分→河口湖駅
※夏期以外はバスの運行本数が少ないので、時刻は事前に必ず確認を。富士山五合目〜新宿間は、夏期を中心に高速バスも運行。

●マイカー
赤池をはじめ、登山道沿いに駐車場はない。

問合せ先

富士河口湖町観光課
☎0555-72-3168
鳴沢村企画課☎0555-85-2312
富士急バス本社営業所
☎0555-72-6877

こんなコースも

三合目から奥庭を経て御庭に行くコースもおすすめ。苔むした樹林や奥庭遊歩道からの富士山の眺めなど、楽しみの多いコースだ。三合目から奥庭まで約1時間20分。奥庭では、奥庭荘を起点に遊歩道が一周している。奥庭の散策には30分をみておきたい。奥庭から御庭(奥庭)バス停まで約15分の歩行時間。さらに、御庭から御中道を経て富士山五合目バス停まで足を延ばしてもよい。歩行時間は約1時間30分。

奥庭からは悠然とした富士山が望める

コースガイド

起点は精進湖近くの**赤池バス停❶**。赤池交差点で国道139号を離れて山手に延びる細い車道へ。まもなく左に精進口登山道の入口がある。やや急な坂を登り、東海自然歩道との交差点を直進すると、やがて**道標SYO16地点❷**に着く。分岐を右に入り、青木ヶ原樹海の中をしばらく進むと**県道71号❸**に出る。この県道を横断し、車止め柵の脇を抜けて再び登山道を進んでいく。すぐに現れる「富士風穴」と刻まれた石標を見て、

大室山の山麓を北から東へ回り込むと、林道軽水線に到着。さらに林道を横断して車止め柵の脇を通り、長尾山の山麓を北から東へ進み、次の林道鳴沢線に出る。反対側の車止め柵の先にある広場が、**一合目❹**にあたる天神峠だ。

一合目の先からは、溝状の道を行くようになる。倒木の目立つ道をゆるやかに登って行くと、林道富士線が現れる。ここが**二合目❺**で、一帯のブナ林は「やまなしの森林100選」のひとつでもある。

二合目を後に、倒木の多い

よく目立つ三合目の道標

道を行くと、富士スバルラインの高架橋が現れる。トンネルをくぐり、再び登山道を進めば、ほどなく林道御庭線が交差する**三合目❻**の広場に出る。道標に従って広場の南東側から精進口登山道に入る。

四合目❼を過ぎるころ、樹林を抜け出し、急斜面をジグザグに登る。やがて石畳の道を行くようになれば、**富士山五合目バス停❽**に着く。

❶赤池バス停
精進
甲府へ
精進移住地
0:55
0:45
139
❷道標SYO16地点
（乾徳道場分岐）
0:55
0:45
富岳風穴
青木ヶ原樹海
御殿庭
紅葉台　△1165
焼間
鳴沢
139
道の駅
なるさわ
富士眺望の湯ゆらり
富士緑の休暇村
鳴沢氷穴
富士赤松ゴルフコース
フォレスト鳴沢ゴルフ＆カントリークラブ
鳴沢ゴルフ倶楽部
富士桜カントリー倶楽部
富士桜高原別荘村
❸県道71号
富士河口湖町
富士風穴
本栖風穴
大室洞穴
神座風穴
1:40
1:15
大室山 1468
1448△
長尾山
1424△
天神山
一合目❹
片蓋山 1468
弓射塚
朝霧高原・富士宮駅へ
富士ドクタービレッジ
富士ヶ嶺
富士クラシック
N
1:100,000
500m　1000m
二ッ山 1492
1566
林道軽水線
林道鳴沢線
林道富士線
山梨県
鳴沢村
△1346
ふじてんリゾート
富士レイクサイドカントリー倶楽部
河口湖IC
富士山五合目❽バス停
❺二合目
0:40
0:30
0:55
0:35
東剣 1635
棧敷山
丸山 1701△
富士スバルライン
❻三合目
幸助山 1894
泉滝御庭茶屋
1:05
0:50
四合目❼
0:40
0:30
奥庭
奥庭荘
林道軽水線
富士山五合目へ
精進口登山道
静岡県
富士宮市
河口湖IC

精進口登山道

2万5000分の1地形図　鳴沢・富士山

迫力満点の大沢崩れを眼前に

御 中 道

おちゅうどう

コース タイム	**5時間5分**
コース 距離	約**9.1**km
レベル	**初級** 体力★★☆ 技術★★☆

アドバイス
・一番沢は崩壊による浸食が進んでおり、路肩に注意(短い鎖も設置)。
・標高2000m超の森林限界をたどるので、万全の装備と天候に留意。

▲間近に迫る大沢崩れ。上方には富士山の最高点、剣ヶ峰が見えている

▲一部で石畳を歩く御中道。富士講などの寄進で整備されたとも伝わる

▲かつては「お助け小屋」とよばれた旧大沢休泊所

御中道は富士山の五合目から六合目付近を鉢巻状に一周する富士講の道者道だった。かつては富士山登頂を終えた人にのみ許された難行という。現在では、西側の大沢崩れと北側の吉田口六合目との間や宝永山周辺は明瞭だが、それ以外は廃道、あるいはわずかにしか踏み跡を認めることができない。御庭から富士スバルライン五合目までは観光客の姿も目にする。

コース

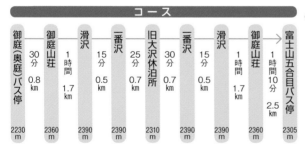

御庭(奥庭)バス停		御庭山荘		滑沢		一番沢		旧大沢休泊所		一番沢		滑沢		御庭山荘		富士山五合目バス停
	30分 0.8km		1時間 1.7km		15分 0.5km		25分 0.7km		30分 0.7km		15分 0.5km		1時間 1.7km		1時間10分 2.5km	
2230m		2360m		2390m		2390m		2310m		2390m		2390m		2360m		2305m

アクセス

●公共交通機関
[行き] 富士急行線・河口湖駅→富士急バス約45分→御庭(奥庭)
[帰り] 富士山五合目→富士急バス約45分→河口湖駅
※夏期を中心に富士山五合目から新宿まで高速バスが運行される。

●マイカー
富士スバルライン五合目のほか、御庭から五合目にかけての沿道に臨時駐車場がある(マイカー規制期間中は利用不可)。

問合せ先

鳴沢村企画課
☎0555-85-2312
富士吉田市富士山課
☎0555-22-1111
富士急バス本社営業所
☎0555-72-6877
富士急山梨ハイヤー
☎0120-818-229

こんなコースも

富士スバルライン五合目から東側の御中道は、吉田口六合目を経て吉田ルートの下山道をたどる。三つ目のシェルター先、公衆トイレを頭上に仰ぐ獅子岩の露岩付近より須走ルート六合目・瀬戸館へ続く不鮮明な踏跡に入る。この分岐点をはじめ標識がほとんどなく、視界不良時などには踏跡が分かりにくい砂礫地や沢状の通過がある。御中道ではないが、吉田口六合目と須走ルート新六合目・長田山荘を結ぶ古道もあり、比較的、道は明瞭。どちらのコースも、須走ルート側から取付いたほうが分かりやすい。登山レベルは中級以上に向く。

富士スバルライン五合目

御中道の大部分は樹林帯を歩く

コースガイド

御庭（奥庭）バス停❶の山側にあるゲート横からコースに入る。石畳を交えた黒い火山礫の斜面を登っていく。

荒廃した御庭山荘❷の手前で右への林道を5分ほどたどると、「大沢崩入口」とペンキ書きされた鉄柱が立ち、左手に大沢崩れ方面への登山道が分岐している。

樹林の中に入ると、初めはやや枝がうるさいが、そのうち歩きやすくなる。カラマツの落葉が足裏に柔らかい。登山道脇ではシャクナゲなどを見ることができる。

滑沢❸や仏石流しの横断では樹林がきれて、南アルプス方面の展望が開ける。

一番沢❹を過ぎて、針葉樹林帯を下り、旧大沢休泊所❺に出る。現在では工事関係の作業小屋として使用されている。建物を左に見ながら直進して神社前を過ぎると細い下り道になる。斜面には夏ならグンナイフウロなどが咲いている。やがて目の前が開けて、大沢崩れの縁に出る。大沢源頭には富士山頂、剣ヶ峰が仰がれる。崩壊地形の激し

さには息をのむ思いだ。ときおり落石の音が響き、崩落の砂煙を見る。

御庭山荘❷まで戻ったら、水平道を直進する。ときどき樹林がきれて、山頂方面や下界が望める。やがて左下方から車の走行音が聞こえ、富士スバルライン五合目駐車場に着く。すぐ右に富士山五合目バス停❻がある。

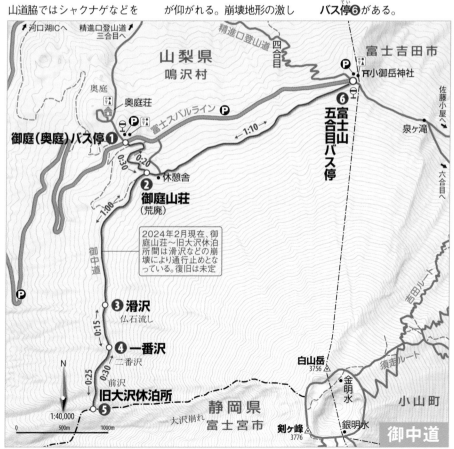

2万5000分の1地形図　富士山

荒々しい火口壁に息をのむ

宝 永 山
ほうえいざん

コースタイム	**2**時間**30**分
コース距離	約**5.9**km
レベル	**初級** 体力★☆☆ / 技術★★☆

▲南東側から見上げた宝永山(右下)とすさまじい火口壁

▲その名がうなずける十二薬師の岩峰群

▲平坦地の火口底は休憩をとる登山者が多い

シーズン

適期 ／ 準適期

1月	2月	3月	4月	5月	6月	7月	8月	9月	10月	11月	12月
					▨	■	■	■	▨		

アドバイス
・六合目からは水や食糧の補給場所はないので多めに持参を。
・視界不良時は火口底で踏跡を見失いやすい。特に帰路は注意。

　江戸時代の中期、宝永4年(1707)に発生した宝永大噴火によってできたのが宝永火口。その火口縁をなすのが宝永山だ。宝永第一火口底から見上げる爆裂の火口壁は、圧巻の迫力。馬の背から富士山頂方向へ少し登ると、爆裂で露出した十二薬師とよばれる岩峰群を近くで見ることができる。霧の発生時には岩峰が薬師像のように見えて、幻想的な景色が展開する。

コ ー ス

富士宮口五合目バス停		六合目		宝永第一火口縁		火口底		馬の背		宝永山		馬の背		火口底		宝永第一火口縁		六合目		富士宮口五合目バス停
	20分 0.6km		10分 0.4km		5分 0.4km		45分 1.1km		5分 0.5km		5分 0.5km		30分 1.0km		10分 0.4km		10分 0.4km		10分 0.6km	
2380m		2490m		2460m		2430m		2720m		2693m		2720m		2430m		2460m		2490m		2380m

ア ク セ ス

●**公共交通機関**
[行き・帰り]
JR身延線・富士宮駅→富士急静岡バス約1時間30分→富士宮口五合目／JR東海道新幹線・三島駅→富士急シティバス約2時間10分→富士宮口五合目
※富士宮駅から富士宮口五合目までのバスは7月上旬〜9月上旬の運行。8月下旬までは毎日運行で便数も多いが、そ
れ以降は便数が少ない。JR東海道新幹線・新富士駅始発で富士宮駅を経由する便もある。三島駅〜富士宮口五合目間のバスも7月上旬〜9月上旬の運行。

●**マイカー**
富士宮口五合目に駐車場がある。富士登山シーズンの7月上旬〜9月中旬にはマイカー規制があり、その期間中は水ヶ塚公園駐車場に車を停める。五合目までは、シャトルバスやタクシーを利用することになる。

問 合 せ 先

富士宮市観光課
☎0544-22-1155
富士急静岡バス富士宮営業所
☎0544-26-8151
富士急シティバス本社営業所
☎055-921-5367
石川タクシー富士(富士駅)
☎0544-24-2222

コースガイド

富士宮口五合目バス停❶で下車。階段を上ると駐車場が広がり、その先に富士山総合指導センターがある。ここからは山頂部や八合目の山小屋などが間近に見える。登山道の入口は道をはさんだ反対側にある。階段を上り、その先の右手にトイレを見る。やがて火山礫の道になり、右上気味に登っていく。ブルドーザー道を横切った先が六合目❷で、山小屋が2軒並んでいる。

山小屋前を過ぎると、左手に富士山頂への富士宮ルート登山道を見送り、山肌を横切ってほぼ水平に進んでいく。宝永第一火口縁❸で右下に御殿庭へのコースを見送り、直進する。やがて下りになり、火口底❹に到着。見上げると、宝永山の爆裂火口が壁のように立ちはだかる。ここは火山岩が散らばっているが、平坦地になっているため腰をおろして休憩する登山者が多い。

火口底からはザクザクした火山礫の登山道をたどる。顕著な「く」の字をなす屈曲点を過ぎると、さらに傾斜が強くなる。火山礫に足をとられて歩きにくいところだ。宝永火口の底がかなり下方に見えて馬の背❺に登り着く。馬の背から宝永山までは幅広の尾根上に付けられた平坦道をたどる。右側にはロープが張られている。宝永山❻の山頂は砂礫の台地が広がり、巨大火口を望める。

五合目へは往路を戻る。なお、宝永第一火口縁から火山礫の急斜面を少し下り、宝永第二火口縁の三叉路で右に入っても五合目駐車場に出られる。

森林限界となって開放的な六合目への登山道

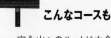

こんなコースも

宝永山へのルートは六合目を経るコースのほか、五合目駐車場の東側から遊歩道をたどることもできる。樹林のなかを通過するため、落ち着いた雰囲気があって好ましい。六合目の山小屋前から下方へは、かつての登拝路だった村山道が通じている。宝永第二火口縁から下っていけば、水ヶ塚公園や二ツ塚方面へ。馬の背からは御殿場口新五合目への大砂走りコースを下ることもできる。

六合目下方の遊歩道。落ち着いた雰囲気が漂う

静岡県 富士宮市

御殿場市

八合目・剣ヶ峰へ
十二薬師
御殿場ルート七合目へ
七合目
馬の背❺
御殿場ルート 大砂走り(下山道)
0:05
新七合目
宝永山❻
2693
ショートカットも可能
御殿場口新五合目へ
宝永第一火口縁❸
火口底❹
0:45
0:30
六合目宝永山荘
六合目❷
0:05
0:10
六合目雲海荘
0:10
富士宮口五合目バス停❶
0:20
0:10
宝永第二火口縁
第二火口
富士山総合指導センター
富士宮駅・三島駅へ
御殿庭へ
二ツ塚(双子山)へ
N
1:25,000
0 250m 500m

2万5000分の1地形図　富士山

火山砂の覆う展望の頂から樹林の道へ
二ツ塚(双子山)

ふたつづか(ふたごやま)

コースタイム	**3**時間
コース距離	約**6.0**km
レベル	初級　体力★☆☆　技術★★☆

シーズン

	適期	準適期

1月	2月	3月	4月	5月	6月	7月	8月	9月	10月	11月	12月

アドバイス
・途中に水や食糧の補給場所はないので多めに持参を。
・幕岩の対面にある踏み跡には迷いこまないように。

▲幕岩は火山砂で埋まった溶岩流にある溶岩壁

▲「幕岩上」の標識。御殿庭～三辻からの道を合わせる

▲砂礫に覆われた二ツ塚下塚(下双子山)の山頂。富士山頂はじめ360度の展望が広がる

二ツ塚(双子山)は、富士山の寄生火山(側火山)のひとつで、宝永山の下方に「二つコブ」のように盛りあがっている。二ツ塚の一峰である二ツ塚下塚(下双子山)へ登ったあとは、火山岩の断崖が屹立する幕岩を訪れよう。幕岩から御殿場口新五合目までは、火山砂や溶岩流を踏んだあと、樹林帯の静かな山歩きになり、前半の荒涼としたコースとは雰囲気が一変する。

コース

御殿場口新五合目バス停		大石茶屋		二ツ塚(双子山)分岐		二ツ塚下塚(下双子山)		四辻(二合目)		幕岩上		幕岩		御殿場口新五合目バス停
	15分 0.4km		50分 1.3km		10分 0.2km		20分 0.7km		20分 0.6km		5分 0.2km		1時間 2.6km	
1440m		1520m		1780m		1804m		1800m		1650m		1620m		1440m

こんなコースも

視界がきく好天の日であれば、二ツ塚下塚(下双子山)山頂から西側へ続く山稜をたどって四辻への道へ合流してもよい。幕岩への下降点からは、須山御胎内を経て水ヶ塚公園へと続く須山口下山歩道が延びている。また、富士宮口五合目から六合目を経て宝永遊歩道をたどり、宝永第一火口縁～宝永第二火口縁をへて御殿庭～四辻へと歩くのもおもしろい。周辺概要は、富士山自然休養林保護管理協議会によるハイキングマップでも紹介されており、同会をはじめ周辺市町村などでも手に入れることができる。

アクセス

● 公共交通機関
[行き・帰り]
JR御殿場線・御殿場駅→富士急モビリティバス約30分→御殿場口新五合目
※御殿場口新五合目を経由する水ヶ塚公園行きバスは、7月上旬～9月中旬の毎日と、6月上旬～下旬および9月中旬～11月上旬の土・日曜、祝日の運行。
● マイカー
御殿場口新五合目に駐車場がある。

夏期のマイカー規制はなく、満車になることも少ない。

問合せ先

御殿場市観光交流課
☎0550-82-4622
富士急モビリティバス
☎0550-82-1333
富士急静岡タクシー
☎0120-249-003
御殿場タクシー
☎0550-82-1234

四辻から見上げた二ツ塚

コースガイド

JR御殿場駅からのバスを御殿場口新五合目バス停❶で下車。バス停横の鳥居をくぐり、富士登山道の御殿場ルートを、大石茶屋❷まで上がる。大石茶屋からは、二ツ塚（双子山）への標識に従って富士登山道から左に分かれ、広大な砂礫の斜面を左上していく。

しだいに傾斜は強くなり、足をとられる砂礫地の登高となるが、これも長くは続かない。傾斜が緩んでくると、二ツ塚（双子山）分岐❸に出る。ここで左手に登ると二ツ塚下塚（下双子山）❹の山頂に到着。平らな山頂には祠が祀られ、富士山頂や宝永山を間近に、相模湾や箱根、愛鷹連峰なども見渡すことができる。

山頂から二ツ塚（双子山）分岐へ戻り、左右に二つの山を見ながら間の平坦な道をたど

御殿場ルート上部から見下ろした二ツ塚（左）と宝永山

御殿場ルートは新五合目バス停横の鳥居から始まる

る。ゆるやかに登ったあと、再び平坦になり、四辻（二合目）❺に着く。この一帯では初秋にフジアザミの花が見られる。

ここで左折して幕岩へ下る。視界不良時用の標柱を追いながら進むと、やがて灌木帯の下りになる。右に下って涸れ沢を対岸へ渡れば、幕岩上❻の標識が立つ三叉路に出る。樹林帯をわずかに下ると、幕

岩への下降点。左へ分かれて、やや急な斜面を下ると、火山砂で埋まった涸れ沢に下り立つ。左手には幕岩❼が仰がれる。ここから涸れ沢を下り、溶岩壁の上に出て左折し、樹林の中のゆるやかな道をたどる。赤塚分岐を過ぎると下り道になり、樹林帯から砂礫地に抜け出して御殿場口新五合目バス停❶に戻る。

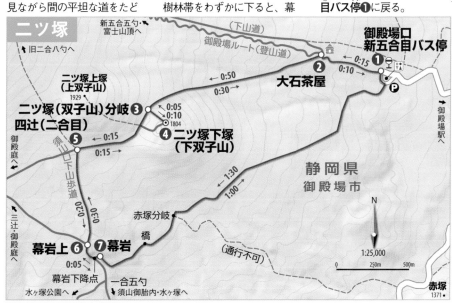

二ツ塚

新五合五勺・富士山頂へ
旧二合八勺へ
（下山道）
御殿場ルート（下山道）
御殿場ルート（登山道）
御殿場口 新五合目バス停
0:15
❷ 0:10
大石茶屋
P
御殿場駅へ

二ツ塚上塚（上双子山）1929
0:50
0:30

二ツ塚（双子山）分岐❸
0:05
0:10
1804
四辻（二合目）
❺ 0:15
❹ 二ツ塚下塚（下双子山）
0:15

須山口下山歩道
御殿庭へ

静岡県 御殿場市

1:30
1:00

赤塚分岐
0:20
0:30
橋
（通行不可）

三辻・御殿庭へ

N

1:25,000
0   250m   500m

幕岩上❻ ❼幕岩
0:05
幕岩下降点
一合五勺
水ヶ塚公園へ
須山御胎内・水ヶ塚へ

赤塚 1371・

2万5000分の1地形図　印野

変化に富んだ古道を巡る
須山口登山歩道
すやまぐちとざんほどう

コースタイム	**4**時間**50**分
コース距離	約**8.5**km
レベル	**初級** 体力★★☆ 技術★★☆

シーズン

	1月	2月	3月	4月	5月	6月	7月	8月	9月	10月	11月	12月
						適期	適期	適期	適期	準適期		

アドバイス
・途中に水や食糧の補給場所はないので多めに持参を。
・短縮プランとして、御殿庭下から御殿庭入口に行ってもよい。

かつて南口とよばれたのが須山口登山道だ。江戸期、宝永の大噴火により崩壊。70年後に復興するも廃れてしまったものを、平成に入り、地元有志が整備・修復させた。ルートは、水ヶ塚から登山歩道と下山歩道とに分かれ、上部で前者は富士宮ルート、後者は御殿場ルートに重なる。三合目下方は、ほぼ樹林の中で、静かで変化にも富んだ山歩きが楽しめる。

▲小天狗塚周辺で見られる風衝木

▲下山歩道の一合五勺。左は登山歩道の一合五勺に、右は幕岩に通じる

▲御殿庭入口付近からは涸れ沢の上に富士山の山頂部と宝永山が望める

コース

水ヶ塚公園バス停		一合五勺		御殿庭下		御殿庭中		御殿庭上		御殿庭入口		三辻		二合五勺		御胎内上		水ヶ塚公園バス停
	45分		1時間		35分		15分		20分		20分		30分		25分		40分	
	1.7km		1.6km		0.6km		0.2km		0.7km		0.9km		0.2km		0.9km		1.7km	
1450m		1610m		1980m		2170m		2160m		1980m		1830m		1630m		1450m		1450m

アクセス

● 公共交通機関
[行き・帰り]
JR御殿場線・御殿場駅→富士急モビリティバス約55分→水ヶ塚公園
※水ヶ塚公園行きバスは、7月上旬～9月中旬の毎日と、6月上旬～下旬および9月中旬～11月上旬の土・日曜、祝日の運行（本数は少ない）。このほかJR身延線・富士宮駅からのバス便（JR東海道新幹線・新富士駅始発もあり）も利用できる。
● マイカー
水ヶ塚公園駐車場を利用する。

問合せ先

富士市交流観光課
☎0545-55-2777
裾野市産業観光スポーツ課
☎055-995-1825
富士急モビリティバス
☎0550-82-1333
御殿場タクシー
☎0550-82-1234

こんなコースも

一合五勺（下り）から水平道をたどり、南山休憩所を経て一合五勺（登り）に歩くことができる。ところどころにベンチがあり、幅広の道で不安感なく歩ける。なお、水ヶ塚公園から下部の須山口登山歩道は、水ヶ塚公園の三叉路東側に須山浅間神社方面へ行く道の入口がある。水源地を通り、ゴルフ場をかすめて進む。車道歩きを交えながら裾野市立富士山資料館（休館中）や忠ちゃん牧場を経由し、樹林帯を抜けて須山浅間神社に至る。

登山歩道と下山歩道の一合五勺を結ぶ水平道に立つ南山休憩所

コースガイド

水ヶ塚公園バス停❶で下車。車道の富士山頂側に登り口があるので、そこから樹林の中の幅広の道をたどっていく。

一合五勺❷で右に幕岩への道を見送る。道幅は狭くなり、登山道らしさが増してくる。

やがてやや傾斜が増し、頭上を覆う樹木もまばらに。高度を上げ、高鉢コースとガラン沢コースとの分岐点を通過し、上方へわずかに登ると、二合五勺の御殿庭下❸に出る。

樹林帯をさらに登り、三合目の御殿庭中❹へ。ここで右手の細い踏み跡に入り、御殿庭上❺に出る。こぢんまりとした別天地の趣がある。

御殿庭上から下方へ向かうと、左側の樹林がきれて涸れ沢が見え、やがて御殿庭入口❻に着く。ここは二合五勺からの道が合流する地点。幅広の涸れ沢を左岸へ移り、火山礫の道をたどる。周辺にカラマツの風衝木も見られる。三辻❼の三叉路で二ツ塚（双子山）へ直進する道を見送り、下方へ向かう。左に四辻から

の道を合わせて樹林帯を少し下ると、幕岩への下降点。さらに下ると一合五勺❽で、右には登りで通過した一合五勺への道が分岐する。ここは直進し、御胎内上❾の三叉路に下り立つ。平坦地が広がり、休憩したくなるような雰囲気だ。御胎内上から右に延びる道は、ほぼ水平に水ヶ塚公園へ通じており、水ヶ塚公園バス停❶に戻ることができる。

なお、御胎内上からそのまま直進して御胎内を見学し、水ヶ塚公園に戻ってもよい。御胎内には祠がまつられ、溶岩洞穴をくぐり抜けることができる。御胎内からは、幅広の道をたどり、車道（富士山スカイライン）に出たら右へ進んで水ヶ塚公園に戻ろう。

須山口登山歩道の登山口

登山歩道の一合五勺に到着

須山口登山歩道

2万5000分の1地形図　印野

富士山周辺トレッキング

山麓から山頂付近までバラエティーに富んだ花が咲く

富士山の花ノート

砂礫と岩塊に覆われた富士山には、一木一草生えていないような印象を持つかもしれない。ところが、そんな砂礫と岩塊のなかにも、けなげに自生する植物たちがいる。特に条件の厳しい2500m以上の高山帯でも、けっこう多彩な植物が自生し、さまざまな色合いと形の花を咲かせる。愛らしい花々を探しながら登山道をたどれば、登山の苦しさも少しはやわらぐだろう。

高山帯にも増してバラエティーに富んだ花に出あえるのが、御中道や宝永山、二ツ塚（双子山）など、富士山の中腹にあるハイキングコース周辺。高山帯と亜高山帯とのほぼ狭間に位置することで、さまざまな植物が自生する環境になっている。また、山麓から五合目に延びる登山道沿いも標高を上げるにつれて植物分布が変化し、さらに多彩な花に出あえるはずだ。

そこで、富士山で比較的よ

須走口五合目に近い小富士からは、中腹に広がる樹林や灌木の様子がよく確認できる

く見られる花々を「花図鑑」として紹介しよう。ここでは、2500m以上の高山帯、1600〜2500mの亜高山帯、800〜1600mの山地帯の3エリアに分け、そこで見られる花々を取り上げている。2500m以上といえば、御殿場口を除くほかの各登山道のほぼ六合目あたり。宝永山もこの中に入る。亜高山帯のエリアは御殿場口以外の五合目周辺や御

中道、奥庭、小富士、二ツ塚などが該当する。山地帯は御殿場口新五合目や吉田口登山道の馬返、青木ヶ原樹海、水ヶ塚、山中湖あたりまで、広く対象になる。

ただし、同じ富士山でも北面の吉田口と南面の富士宮口では、自然条件も異なり、標高だけでは測れない要素もある。たとえば、高山帯の花が亜高山帯にあったり、亜高山帯の花が山地帯にあったり、ということも起こるだろう。あくまでも、これは目安と思ってほしい。

富士山の花を知ることで、山頂に立つだけではない、もっと豊かな富士登山を楽しもう。

高山帯に咲くコケモモの花。花期は6〜8月で、落花後は赤い実を付ける

フジハタザオ

フジの名が付く花の代表格。砂礫地に生える富士山の固有種で、イワハタザオの高山型のひとつとされる。

科名 アブラナ科
花期 6〜8月

オンタデ

太平洋側の火山砂礫地などに育つ。富士山は格好の環境にあり、六合目から3000mを超すあたりまで見られる。

科名 タデ科
花期 6〜10月

イワツメクサ

岩場に生えるツメクサの意だが、富士山では砂礫地に多い。オオバツメクサの名も。5弁花の星形が愛らしい。

科名 ナデシコ科
花期 7〜9月

メイゲツソウ

赤紅色の小さな花を房状に付け、砂礫地に映える。イタドリの高山型とされ、ベニイタドリやフジイタドリともよぶ。

科名 タデ科
花期 7〜8月

ムラサキモメンヅル

富士山では比較的よく見られるが、国内での分布は限定される。富士山の高山帯では珍しい紫色の花が貴重。

科名 マメ科
花期 7〜8月

タイツリオウギ

豆果が釣り上げた鯛を思わせ、薬草のオウギに似ている。砂礫地に緑の葉と黄白色の花が目立つ。

科名 マメ科
花期 7〜8月

イワオウギ

亜高山帯から高山帯まで分布は広く、崩壊地や草原など生育地も広い。黄白色の花を下向きに多数付ける。

科名 マメ科
花期 7〜8月

ミヤマアキノキリンソウ

アキノキリンソウの高山型。明るい草原などに多く、あざやかな黄色の頭花がよく目を引く。

科名 キク科
花期 7〜9月

フジアザミ

富士山の火山裸地で誕生したといわれる国内最大のアザミ。大きな頭花をいくつも付け、迫力がある。

科名 キク科
花期 8〜10月

花図鑑② ⅢⅢⅢⅢⅢ　　亜高山帯　1600〜2500m

マイヅルソウ
針葉樹の林床に群生することが多い。花茎の上部に総状に咲く小さな白い花は地味だが、ハート型の葉は目立つ。その葉脈の曲がった形を鶴の舞に見立てた和名。

科名 クサスギカズラ科
花期 5〜7月

ツマトリソウ
針葉樹林の明るいところに育つ。輪生状に付く葉の中心部から伸びる花柄の先端に1個だけ開花。まれに2個を咲かせることも。深く7裂した花冠が美しい。

科名 サクラソウ科
花期 6〜7月

シロバナノヘビイチゴ
崩壊地の草地など、日当たりのよい場所に生える。果実は食用でき、酸味のある野趣に富む味わい。

科名 バラ科
花期 6〜7月

コバノイチヤクソウ
針葉樹林のなかでも、おもに苔の覆う林床に育つ。すっと伸びした花茎の上部に3〜7個の花を付ける。

科名 ツツジ科
花期 6〜8月

ベニバナイチヤクソウ
ダケカンバ林や草原に群生するが、富士山ではカラマツ林に多い。紅紫色の花が華やか。

科名 ツツジ科
花期 6〜8月

ヤマホタルブクロ
釣鐘状の淡紅紫色の花がよく目立つ。崩壊地や林縁などに生えることもあって見つけやすい。

科名 キキョウ科
花期 6〜9月

タカネグンナイフウロ
「郡内」とは山梨県の東部地域のこと。まさにご当地の花。グンナイフウロより花色がやや濃い。

科名 フウロソウ科
花期 7〜8月

トモエシオガマ
くちばし状の紅紫色の花を上から見ると、見事に巴形状になっている。すべて右旋回しているのがおもしろい。

科名 ハマウツボ科
花期 7〜8月

キオン
山麓から亜高山帯までの林縁などに広く分布。草丈が高く、黄色の頭花が目立つ。若芽は食用される。

科名 キク科
花期 8〜9月

カニコウモリ
針葉樹林の林床を覆うように群生することが多い。花は地味だが、草丈が高いために、目を引く。

科名 キク科
花期 8〜9月

花図鑑③ ⅢⅢⅢⅢⅢ　　山地帯　800〜1600m

ウマノアシガタ
キンポウゲの名でも親しまれ、人里から山地まで広く分布。黄色の花が輝くように鮮やか。英名の「バターカップ」がいかにもふさわしい。有毒植物としても知られる。

科名 キンポウゲ科
花期 4〜5月

ササバギンラン
雑木林など、明るい樹林帯に咲く。ギンランに似るが、最も下の花に付く苞葉が長いのが特徴。一般のランとは異なり、花は全開せず、半開のままで終わる。

科名 ラン科
花期 5〜6月

ネジバナ

その名がすぐにうなずける花の付き方。モジズリの名もある。市街の芝生から山地まで分布域は広い。

科名 ラン科
花期 5〜8月

ヤマオダマキ

山地の草原や林縁などに自生する。ユニークな花の形と色合いが美しさを際立たせている。

科名 キンポウゲ科
花期 6〜8月

ヤマアジサイ

山に咲くアジサイの仲間の代表格。沢沿いや暗い植林帯など、湿気の多いところでよく見られる。

科名 アジサイ科
花期 6〜8月

シモツケ

林縁や草原に自生する落葉低木。庭木や公園などにも植栽される。近似するシモツケソウは多年草。

科名 バラ科
花期 6〜8月

バイケイソウ

太平洋側の山地から亜高山までに分布。林縁や草原の湿ったところにボリュームたっぷりに生育する。

科名 シュロソウ科
花期 6〜8月

マルバダケブキ

フキに比べて標高の高い山地から亜高山にかけて自生。8cmほどの大きな頭花が林の中に浮き立つ。

科名 キク科
花期 7〜8月

ヤナギラン

山地から亜高山の日当たりのよいところに群生する。花茎の下から上へと咲く紅紫色の花は華やか。

科名 アカバナ科
花期 7〜8月

ソバナ

草原の斜面や沢沿い、林間などに生える。鐘形をした青紫色の花がかわいらしい。若芽は食用にされる。

科名 キキョウ科
花期 8〜9月

サラシナショウマ

草原から樹林帯まで広く分布。小さな白い花を総状に付けて猫のしっぽのよう。若芽は山菜にも。

科名 キンポウゲ科
花期 8〜10月

カワラナデシコ

秋の七草のナデシコ。明るいススキの草原などに多い。花弁の先が細かく裂けた淡紅色の花が美しい。

科名 ナデシコ科
花期 8〜10月

ツリフネソウ

流水沿いなど湿ったところに群生。和名は細い柄に釣り下がる花の様子から。黄花はキツリフネ。

科名 ツリフネソウ科
花期 8〜10月

マツムシソウ

草原など日当たりのよいところに自生。キクの花に似た淡紫色の頭花はよく目立ち、秋の花の代表格。

科名 スイカズラ科
花期 8〜10月

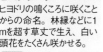

ヒヨドリバナ

ヒヨドリの鳴くころに咲くことからの命名。林縁などに1mを超す草丈で生え、白い頭花をたくさん咲かせる。

科名 キク科
花期 8〜10月

テンニンソウ

やや湿った樹林に群生することが多い。淡黄色の花を穂状に付ける。近似種にフジテンニンソウも。

科名 シソ科
花期 9〜10月

イワシャジン

湿った岩場に生える。赤石山系南部から丹沢山系にかけて自生。紫色の鐘形の花は清楚な美しさ。

科名 キキョウ科
花期 9〜10月

ホトトギス

花の紫色の斑紋を鳥のホトトギスに見立てた和名。林道や沢沿いなどで垂れ下がって咲くのをよく見る。

科名 ユリ科
花期 8〜10月

113

富士山麓温泉案内

甲府南ICへ　一宮御坂ICへ　大月JCTへ

精進湖畔
山田屋ホテル P114
いずみの湯 P114
ふじやま温泉 P115

精進湖
河口湖
西湖
河口湖IC
富士パノラマライン
富士吉田IC
富士山駅
富士急行線
中央自動車道

本栖湖
忍野八海
富士吉田忍野スマートIC

山中湖平野温泉
石割の湯 P116

富士眺望の湯
ゆらり P115
山梨県
富士山
溶岩の湯 泉水 P115
山中湖IC
山中湖
山中湖温泉
紅富士の湯 P115

富士
スバルライン
朝霧高原
富士スバルライン
五合目
神奈川県

富士山

あさぎり温泉 風の湯 P116
富士八景の湯 P116
御殿場IC

上井出IC
御胎内温泉健康センター P116
南御殿場駅
御殿場JCT
御殿場IC
東名高速道路

富士山天母の湯 P117
十里木高原
新東名高速道路

静岡県
南富士エバーグリーンライン

富嶽温泉 花の湯 P117
P117すその美人の湯
ヘルシーパーク裾野
裾野IC
沼津IC

富士宮駅
天然温泉 気楽坊 P117
富士IC

富士山麓には良質の温泉が数多く湧いているので、登山の後は、富士山の雄大な姿を眺めながら温泉浴を楽しみたい。周辺のおすすめの日帰り入浴施設を紹介。

しょうじこはん やまだやほてる
精進湖畔 山田屋ホテル
☎0555-87-2311

子抱き富士を望む露天風呂

精進湖北西岸に立ち、眺めの宿として知られる。露天風呂「日之出の湯」からは、大室山を抱くようにそびえる"子抱き富士"を正面に望むことができる。

DATA　　MAP **P114-A1**

🕐10～16時（最終受付は15時）　🈺不定休（電話で要問合せ）　💴800円　🚌富士急行線河口湖駅から富士急バス本栖湖方面行きで約35分、精進湖山田屋ホテル前下車すぐ

いずみのゆ
いずみの湯
☎0555-82-2641

▲くつろげる広い休憩スペース
◀露天風呂「西湖竜宮の湯」

西湖北岸にある日帰り温泉。大露天風呂や自然海塩使用の大浴場があり、打たせ湯、薬湯、サウナ、水風呂（13.2℃の天然井戸水）も備わる。食事処のほか、休憩スペースも充実。

DATA　　MAP **P114-A1**

🕐10～21時（最終受付は20時15分。季節・曜日により変動あり）　🈺不定休（HP、電話で要確認）　💴1000円　🚌富士急行線河口湖駅から富士急バス西湖民宿行きで約20分、桑留尾下車すぐ

ふじやま温泉
ふじやまおんせん

☎0555-22-1126

▲休憩棟にはテラスもある
◀木の温もりを感じる露天風呂

富士急ハイランドに隣接。太い梁を使った湯屋建築もすばらしく、休憩棟から雄大な富士山の姿が眺められる。御影石の大風呂やバナジウム風呂など7種の湯がある。

DATA　MAP **P114-B1**

🕐10〜23時(最終受付は22時)　⏸不定休(臨時休館あり)　💰1600円(土・日曜、祝日、繁忙期は2000円)※貸しタオル付　🚌富士急行線富士山駅から無料シャトルバスで約5分

富士山溶岩の湯 泉水
ふじさんようがんのゆ せんすい

☎0555-24-2438

▲マイクロバブルバスは若返り湯とも
◀ヒマラヤ岩塩風呂は血行促進に効果あり

浴壁や浴床に富士山の溶岩素材を使用。飲料水や湯水には富士のミネラル分を含んだ天然バナジウム水を利用。超微細な気泡のマイクロバブルバスが自慢。

DATA　MAP **P114-B1**

🕐10〜23時(朝風呂は6〜9時)　⏸無休(朝風呂は木曜休)※点検による休業あり　💰800円　🚌富士急行線富士山駅から徒歩25分。河口湖ICから約2km

富士眺望の湯 ゆらり
ふじちょうぼうのゆ ゆらり

☎0555-85-3126

▲ミニSL列車が料理を運ぶ囲炉裏のある個室の食事処も人気だ
◀露天風呂からは雄大な富士山が望める

道の駅なるさわ近くの日帰り温泉。富士を間近に仰ぐ2種類の露天風呂のほか、洞窟風呂や炭酸泉など、全16種類の湯船が揃う。

DATA　MAP **P114-A1**

🕐10〜21時(土・日曜、祝日は〜22時)※最終受付は各1時間前　⏸無休　💰1400円(土・日曜、祝日1700円)※貸しタオル付。19時以降200円引き　🚌富士急行線河口湖駅から富士急バス本栖湖方面行きで約20分、富士緑の休暇村下車、徒歩3分。周遊バスは道の駅なるさわ下車

山中湖温泉 紅富士の湯
やまなかこおんせん べにふじのゆ

☎0555-20-2700

富士を間近に感じられる露天風呂

山中湖西側にある眺望抜群の立ち寄り湯。石造りと檜の浴槽が並ぶ露天風呂が人気。良質のアルカリ性単純温泉で、すべての浴槽から雄大な富士を一望。

DATA　MAP **P114-B2**

🕐11〜19時(土・日曜、祝日は〜20時)※最終受付は各45分前　⏸火曜(祝日の場合は営業、7〜9月は無休)　💰900円　🚌富士急行線富士山駅からふじっ湖号で約30分、紅富士の湯下車すぐ

山中湖平野温泉 石割の湯
やまなかこひらのおんせん いしわりのゆ
☎0555-20-3355

人気がある檜の露天風呂

石割山の麓にあり、静かな雰囲気のなかで温泉浴ができる。檜と石造りの2つの露天風呂のほか、サウナや大浴場がある。

DATA **MAP P114-B2**

🕐11～19時(土・日曜、祝日は～20時)※最終受付は各45分前 🈺木曜※🈺の詳細はHPか電話で要確認 💴800円 🚌富士急行線富士山駅からふじっ湖号で約50分、石割の湯下車すぐ

あさぎり温泉 風の湯
あさぎりおんせん かぜのゆ
☎0544-54-2331

浸透性の高いバナジウム水の温浴で美肌に

肌を蘇らせ、皮膚の老化を防ぐ効能があるという富士山の深層水「バナジウム水」の温浴が楽しめる。食事処では、バナジウム水を使用した、ざるそば650円やソフトクリーム350円が人気。

DATA **MAP P114-A2**

🕐10～22時 🈺火曜(祝日の場合は翌日) 💴1000円(17時以降は700円) 🚗新東名高速道路新富士ICから約19km

富士八景の湯
ふじはっけいのゆ
☎0550-84-1126

源泉100%のお湯を楽しもう

乙女峠の中腹に位置し、富士山や御殿場の街の夜景を眺めながら入浴できる。箱根外輪山から霊峰富士を望む、大パノラマの絶景が人気だ。

DATA **MAP P114-B3**

🕐10～21時(最終受付は20時) 🈺10～6月の第2・4木曜(祝日の場合は営業) 💴3時間1000円(土・日曜、祝日は1300円) 🚌JR御殿場駅から箱根登山バス箱根方面行きで約10分、長尾口下車すぐ

御胎内温泉健康センター
おたいないおんせんけんこうせんたー
☎0550-88-4126

▲月替わりでの男女入れ替え制
◀露天風呂からの見事な眺め

ログハウス調の檜の湯や、溶岩石の湯など6種類の個性的な風呂で、さまざまな楽しみ方ができる御胎内温泉。大自然に囲まれ、心も体も癒やされる。

DATA **MAP P114-B3**

🕐10～21時(最終受付は20時) 🈺火曜(祝日の場合は翌日) 💴3時間600円(土・日曜、祝日は800円) 🚌JR御殿場駅から富士急バス印野本村行きで約20分、富士山樹空の森下車すぐ

てんねんおんせん きらくぼう
天然温泉 気楽坊
☎0550-87-5126

▲死海の塩を溶かした塩の湯
◀寝湯もある露天風呂

良質な天然温泉に加え、ミネラル分が豊富な塩の湯、10種類の薬草が入った十宝湯など、バラエティー豊かな湯が揃う。2つの貸切露天風呂などもある。

DATA　MAP P114-B3

🕐10時30分〜24時(最終受付は23時)　🚫無休
💰1時間814円(土・日曜、祝日は1034円)、1日1540円(土・日曜、祝日は2090円)　🚃JR御殿場駅から送迎バスで約15分

ふじさんあんものゆ
富士山天母の湯
☎0544-58-8851

▲木の香りがリラックスさせる檜の露天風呂
◀薬湯風呂は疲労回復に効果がある

富士山麓の南西、駿河湾を望むロケーション。檜の露天風呂や薬湯の露天風呂のほか、広々とした内湯にはバイブラバスやジェットバスもある。

DATA　MAP P114-A3

🕐10〜20時(最終受付は19時)　🚫月曜(祝日の場合は翌日)　💰1時間410円、3時間730円、1日1040円　🚃新東名高速道路新富士ICから約14km

ふがくおんせん はなのゆ
富嶽温泉 花の湯
☎0544-28-1126

▲薬湯風呂もある露天風呂
◀大浴場。手前左は体が浮く塩の湯

炭酸ガスが入る炭酸泉の湯が人気。死海の塩の湯、バイブラバス、陶器風呂、薬湯風呂の露天風呂などバラエティー豊かで、サウナも充実。

DATA　MAP P114-A3

🕐10時〜翌9時　🚫無休　💰80分990円〜(土・日曜、祝日は1100円〜。18時〜翌2時の夜間券は1430円、土・日曜、祝日は1650円)　🚃JR富士宮駅から富士急静岡バス万野団地方面行きで約10分、静岡中央銀行前下車すぐ。東名高速道路富士ICから約10Km

すそのびじんのゆ へるしーぱーくすその
すその美人の湯 ヘルシーパーク裾野
☎055-965-1126

露天風呂「ほうえいの湯」は富士山の姿が正面に

ナトリウム、カルシウム、塩化物を豊富に含む自家源泉の湯は、新陳代謝を促進し、美肌効果が高いことから温泉分析にて「すその美人の湯」とされている。

DATA　MAP P114-B3

🕐10〜21時(最終受付は20時30分)　🚫無休(メンテナンスによる休館あり)　💰3時間850円、1日1200円　🚃東名高速道路裾野ICから約5km

長い時を経て、暮らしを潤す富士山の恵み

富士山の湧水地を巡る

湧玉池の脇、水屋神社前水汲み場

富士山に蓄えられたや雨や雪解け水は地下深く浸透し、
長い年月をかけて山麓部で清冽な清水となって湧出する。
富士の広大な山麓には奇跡の清流・柿田川や忍野八海（P120）など、
無数の湧水が点在している。富士の恵みを実感できる湧水地を訪ねてみよう。

清流を利用した猪之頭地区のわさび田

西麓・富士宮市
猪之頭湧水群 いのかしらゆうすいぐん

東海自然歩道（P96参照）も通る富士宮市猪之頭
地区は、芝川源流をなす湧水を利用した静岡県
富士養鱒場や猪之頭公園、陣馬の滝などを中心
とする湧水の里。至る所に小川が流れ、富士宮
市による保存湧水池も点在する。富士養鱒場で
は見学やマス釣りもできる（有料）。

🚌JR身延線・富士宮駅から富士急バス約50分、猪の頭
下車。新東名・新富士ICから約25km

富士山の雪解け水が湾曲した絶壁から流れ落ちる白糸の滝

西麓・富士宮市
白糸ノ滝 しらいとのたき

水を通す新富士火山層（滝上部）と、水を通さな
い古富士火山層との境目から、無数の絹糸を垂
らしたような美しい水流を見せる。白糸滝バス
停近くには、源頼朝が鬢（びん）のほつれを直し
たという、おびん水（鬢なで水）も湧く。

🚌JR身延線・富士宮駅から富士急バス約30分、白糸滝下
車、徒歩5分（または権現橋下車、徒歩5分）。新東名・新富
士ICから富士宮道路・上井出ICを経て約20km

環境省による「平成の名水百選」のひとつでもある湧玉池

南西麓・富士宮市
湧玉池 わくたまいけ

富士山本宮浅間大社の境内に湧き、国の特別天
然記念物。水温は年間を通じて13度前後で、湧
水量は毎日約20万トン。富士登山をする者はこ
の霊水で禊（みそぎ）をしてから山へ向かうのが、
かつての習わしだった。池の西側に水屋神社が
まつられ、富士山御霊水の水汲み場も設置。

🚌JR身延線・富士宮駅から徒歩10分。新東名・新富士IC
から約8km

上小泉八幡宮境内の湧水は保存湧水地第2号

南西麓
富士宮市街地の湧水 ふじのみや しがいちのゆうすい

湧玉池に代表されるように富士宮市街地には、市の保存湧水池第1号にも指定された「よしま池」をはじめ、数多くの湧水スポットが点在している。水汲みや洗い場に使われるなど、富士山の水は住民の生活に密着している。

⊗よしま池へはJR身延線・西富士宮駅から徒歩約10分。上小泉八幡宮はJR富士宮駅から徒歩約30分

原田地区の滝不動。イボとり不動尊としても知られる

南西麓
富士市泉の郷 ふじしいずみのさと

製紙会社が集まる富士市。岳南鉄道線の本吉原駅周辺や、岳南原田駅〜比奈駅北側の高台に位置する原田地区、比奈・吉永地区の随所に湧水地があり、細い水路が斜面を駆け下る。いまも洗い物や炊事など生活に欠かせない用水で、岳南鉄道の各駅から散策コースも設定されている。

⊗原田地区へは岳南鉄道・岳南原田駅から徒歩約20分。比奈・吉永地区は比奈駅から徒歩約20分。

遊歩道の八つ橋付近からの柿田川中流域

南麓・駿東郡清水町
柿田川湧水群 かきたがわゆうすいぐん

三島溶岩流の末端部で、1日約100万トンにも及ぶ膨大な湧出量を誇り、約1.2kmの清流となって狩野川に合する。国道1号線脇の市街地にもかかわらず豊かな自然が残り、遊歩道や展望台が整備されている。環境省による名水百選。

⊗JR東海道本線・三島駅から東海バス約15分、柿田川湧水公園前下車すぐ。東名高速・沼津ICから約6km

南麓
三島市街地の湧水 みしましがいちの ゆうすい

約1万年前の富士山噴火の折に、箱根と愛鷹山塊の間を流れた三島溶岩流の先端部、三島駅に近い街なかで湧出。菰池や楽寿園の小浜池、白滝公園などから湧出して、源兵衛川（げんべえがわ）や桜川、蓮沼川の清流となって水田などを潤してきた。源兵衛川は平成の名水百選。

⊗菰池、楽寿園、白滝公園へはJR三島駅からそれぞれ徒歩約5分

菰池は三島の主要湧水地のひとつ

富士山を望みながら
清澄な8つの池を巡る

忍野八海散策
おしのはっかいさんさく

　富士山の北東麓、忍野村の一角に湧水をたたえる8つの池がある。これらを総称して忍野八海。昔から「神の泉」と崇められてきた湧水は、雪解け水が約80年をかけ、溶岩に濾過されて湧出するという。「全国名水百選」に挙げられ、国の天然記念物にも指定されている。8つの池を巡り、それぞれの趣を味わってみよう。

❶お釜池（おかまいけ）
小ぢんまりとした池だが、底は深く、豊富な水量を誇る。湧水を釜の中に沸く熱湯に見立てて命名された。

❷銚子池（ちょうしいけ）
池の形が柄の長い銚子に似ており、間欠的な湧水にゆらゆらと水草が揺れる。縁結びの池といわれている。

❸濁池（にごりいけ）
池畔の水車小屋がよいアクセント。新名庄川に隣接しており、川の流れの一部のようにも見える。

❹湧池（わくいけ）
忍野八海のシンボルになっている美しい池。池の底の溶岩が見えるほど澄んでいて、ニジマスも泳ぐ。

❺鏡池（かがみいけ）
池の水が濁っているため、「逆さ富士」をくっきりと映すところから命名された。湧水量の大変少ない池。

❻菖蒲池（しょうぶいけ）
その名のとおり、昔はショウブが池畔を埋めていたという。今は6〜7月にキショウブの花が咲く。

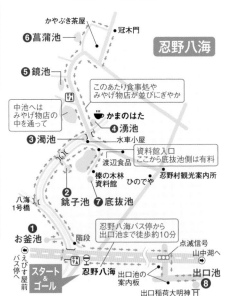

忍野八海

かやぶき茶屋
冠木門
❻菖蒲池
❺鏡池
このあたり食事処やみやげ物店が並びにぎやか
中池へはみやげ物店の中を通って
かまのはた
❹湧池
❸濁池
水車小屋
資料館入口ここから底抜池側は有料
渡辺食品
榛の木資料館
ひのでや
忍野村観光案内所
八海1号橋
❷銚子池
❼底抜池
忍野八海バス停から出口池まで徒歩約10分
点滅信号
山中湖へ
❶お釜池
階段
えびす屋前バス停へ
スタート＆ゴール
忍野八海
出口池の案内板
出口池
❽
出口稲荷大明神

❼底抜池（そこなしいけ）
池の周囲にモミなどの古木が茂り、夏でも清涼感がある。一見すると浅いが、実際の深さは不明という。

❽出口池（でぐちいけ）
「清浄な霊水」とよばれ、かつて行者は富士登拝の前に、この水でけがれを払った。精進池ともよばれた。

アクセス ●**公共交通機関** 富士急行線・富士山駅から富士急バス（ふじっ湖号）約20分、忍野八海下車（膳棚経由、平野行きも停車）すぐ。このほか最寄バス停は、内野方面行きバス約20分のえびす屋前など。
●**マイカー** 忍野八海の周辺に民営の有料駐車場が約10カ所ある。
問合せ先 忍野村観光協会☎0555-84-4221、富士急バス本社営業所☎0555-72-6877

富士を眺める山歩き

日本一の山に登る前に、体力づくりを兼ねて
チャレンジしたいのが、富士を眺めながらの山歩き。
登山経験を積んで、登頂成功を目指そう。

❶ 足和田山　❼ 金時山
❷ 竜ヶ岳　　❽ 矢倉岳
❸ 長者ヶ岳　❾ 玄　岳
❹ 石割山　　❿ 達磨山
❺ 杓子山　　⓫ 越前岳
❻ 高川山

※12〜3月の間でも登山適期や準適期としていますが、この間は軽アイゼンやスパッツなどの積雪に対する装備と、
　万全の防寒対策のもとで山行を計画してください。

山梨県

① 足和田山

あしわだやま ▲標高1355m

▶山頂標柱が立つ足和田山山頂。樹林越しに富士山を望む

富士見ポイント

登山適期									適期		準適期
1月	2月	3月	4月	5月	6月	7月	8月	9月	10月	11月	12月

コースタイム	コース距離	レベル	
3時間10分	約6.5km	初級	体力★★★ 技術★★★

▲紅葉台レストハウス屋上からの秀麗な富士山。有料だが、それに見合うだけの価値がある眺めだ

足和田山は、箱根の足柄山、駿河の愛鷹山とともに富士の三脚（足）とよばれている三山のひとつ。山頂付近は樹林が育ち、近年は富士山展望が次第に得られなくなってしまったのが残念だ。木造展望台に上がると、樹木の枝先にやや邪魔をされるが、おおらかな富士山や青木ヶ原樹海の景観を見渡せる。三湖台は台地状の平坦地が広がり、開放感にあふれる富士山展望の絶好のポイント。富士山を背にすると、御坂山塊も眺められる。紅葉台も樹林に邪魔されるが、レストハウス屋上（有料）からならその雄姿を展望できる。

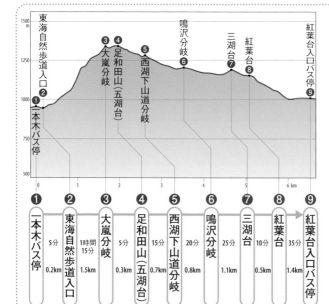

①	②	③	④	⑤	⑥	⑦	⑧	⑨
一本木バス停	東海自然歩道入口	大嵐分岐	足和田山（五湖台）	西湖下山道分岐	鳴沢分岐	三湖台	紅葉台	紅葉台入口バス停
	5分	1時間15分	5分	15分	20分	25分	10分	35分
	0.2km	1.5km	0.3km	0.7km	0.8km	1.1km	0.5km	1.4km

アクセス

●公共交通機関

[行き]
富士急行線・河口湖駅→富士急バス約15分→一本木
※本栖湖やJR新富士駅行きのバスを利用する。新富士駅行きのバスのみ富士急行線の富士山駅が始発。

[帰り]
紅葉台入口→富士急バス約25分→河口湖駅

●マイカー
紅葉台入口バス停の先にある紅葉台ドライブイン向かいの駐車場に車を置き、バスで登山口の一本木へ。

問合せ先

富士河口湖町観光課
☎0555-72-3168
富士急バス本社営業所
☎0555-72-6877
富士急山梨ハイヤー
☎0120-818-229

2万5000分の1地形図　鳴沢

東海自然歩道をたどり富士山を仰ぎ見る

プロフィール

足和田山（五湖台）は富士山の北側にあり、間近に富士山を眺めることができる。周辺には林間学校の施設が多く、遠足コースにも採用されている。足和田山から紅葉台にかけては東海自然歩道と重なり、コース上の不安感はない。

コースガイド

河口湖駅からのバスを一本木バス停❶で下車。国道139号を横断し、バス待合所を右に見て大田和集落方面への車道に入る。わずかに進むと、左手に東海自然歩道入口❷があり、木段の道を登る。樹林の中を徐々に高度

▲三湖台の眼下には青木ヶ原樹海が広がる

を上げていくと、やがて大嵐分岐❸に出る。傾斜のない道をたどり、乱れた呼吸をなだめながら歩くうち、足和田山❹の山頂に着く。樹林に覆われているが、それでも展望台からは富士山北面が迫力のある姿で望まれる。

山頂を後に広い道を進む。すぐ右に足和田出張所への道が分岐し、さらに進むと、文化洞トンネルへの道を見送る。雑木林の落ち着いた雰囲気の下り途中で西湖下山道分岐❺を過ぎる。その後、林道がからみ始める。東海自然歩道は忠実に尾根を越えており、林道はピークを巻いて高低差が少ない。どちらかを好みで選べばいい。林道の途中では鳴沢分岐❻を過ぎる。

三湖台への分岐で右折すると、三湖台❼の広い台地状の地形が

▲足和田山の山頂には木造展望台が設けられている

開ける。御坂山塊側に寄るとあずまやが立っている。富士山を眺めるには場所を選ばない。西側下方には西湖や青木ヶ原樹海が広がる。

先ほどの分岐まで戻り、右に折れて再び東海自然歩道をたどる。やがて紅葉台❽の駐車場に出ると、その先にレストハウスが立っている。樹林に邪魔されて、富士山を眺めるにはやや苦労する。

紅葉台を後に尾根道を下り、万葉の歌碑を通過して車道に出る。すぐ左手にドライブインを見て、そのまま進むと紅葉台入口バス停❾に着く。

▲足和田山山頂の展望台から望む南アルプスの山並み

足和田山

西湖
山梨県
富士河口湖町

文化洞トンネルへ
西湖津原浜
こっぷら
足和田出張所へ
足和田山（五湖台）❹
段和田山
1233
河口湖駅へ
西湖民宿
西湖コウモリ穴
西湖下山道分岐❺
1355
東海自然歩道入口
三湖台 あずまや
1161
1296
❸ 大嵐分岐
0:20 0:15
0:05
1248 0:45
紅葉展望台 レストハウス
万葉の歌碑
0:40
❼ 1238
0:25 東海自然歩道 0:20
1:15
河口湖ICへ
河口湖フライン
紅葉台 1203
0:25
0:25
❻ 鳴沢分岐
大田和
竜宮洞穴 1024
0:10
天候急変時のエスケープルート（有料）
魔王天神社
一本木バス停❶
❷ 0:05
富士パノラマライン
0:15
総合センター
鳴沢
紅葉台ドライブイン
富士緑の休暇村
鳴沢熔岩樹型
139
氷穴 1011
焼間
❾ 紅葉台入口バス停
鳴沢村役場
なるさわ富士山博物館
道の駅なるさわ
富士眺望の湯ゆらり
富士緑の休暇村
鳴沢村
N
1:50,000
500m 1000m
本栖湖 富士宮へ
鳴沢氷穴
紅葉台から45分
富士宮へ
71
富士桜カントリー倶楽部へ
鳴沢ゴルフ倶楽部へ

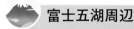

❷ 竜ヶ岳

りゅうがたけ　▲標高1485m

▶あずまやの立つ見晴台はまさに富士見台

登山適期													適期　　準適期
1月	2月	3月	4月	5月	6月	7月	8月	9月	10月	11月	12月

コースタイム	4時間25分	コース距離	約7.9km	レベル	初級	体力★★☆ 技術★★☆

富士見ポイント

年末年始に富士山頂から朝日が昇るダイヤモンド富士を見られる山として知られる竜ヶ岳。まずは中腹の展望台が展望ポイントだ。裾野に青木ヶ原樹海や朝霧高原を広げてそびえる姿は圧巻。ちょうど休憩したいころに位置しているのもうれしい。コースタイムも長くはないので、心ゆくまで眺望を楽しみたい。見晴台から先は笹原となり、遮るもののない富士の眺めを道連れにした"富士見ルート"が続く。そして締めくくりは広大な展望が待つ竜ヶ岳山頂。まぎれもなく第一級の富士山展望台である。

▲竜ヶ岳の山頂からはどっしりした富士山が一望できる(右は富士ヶ嶺地区)

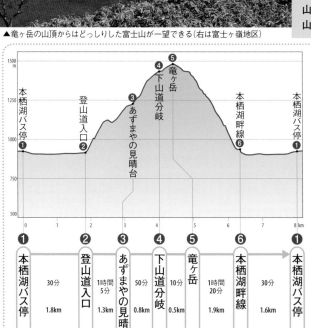

❶本栖湖バス停		❷登山道入口		❸あずまやの見晴台		❹下山道分岐		❺竜ヶ岳		❻本栖湖畔線		❶本栖湖バス停
	30分 1.8km		1時間5分 1.3km		50分 0.8km		10分 0.5km		1時間20分 1.9km		30分 1.6km	

アクセス

●公共交通機関
[行き・帰り]
富士急行線・河口湖駅→富士急バス約50分→本栖湖
※新富士駅行きや本栖湖行きのバスが利用できる。タクシー利用なら本栖湖畔の駐車場まで入れる。

●マイカー
本栖湖岸の道路沿い、本栖湖キャンプ場の入口に竜ヶ岳登山者用の無料駐車場がある。

問合せ先

富士河口湖町観光課
☎0555-72-3168
本栖湖観光協会
☎0555-75-0043(冬期休業)
富士急バス本社営業所
☎0555-72-6877
富士急山梨ハイヤー
☎0120-818-229

2万5000分の1地形図　精進

富士を見ながら歩く 竜伝説の残る山へ

▲コース中からは眼下に本栖湖が見える

プロフィール

本栖湖の南岸にそびえる竜ヶ岳は、かつては笹ヤブをかき分けて登る山だったが、辰年の西暦2000年に東麓からの登路が拓かれて以来、人気は急上昇。交通の便はやや悪いが、清爽で見晴しのよい山道は、快適な山旅を約束してくれることだろう。

コースガイド

本栖湖バス停❶で下車。みやげ物店の駐車場端から、階段を下り本栖湖畔線へ。本栖湖東岸の道を進むと、左側に登山者用の駐車場がある。駐車場脇の道を入ると、キャンプ場の一角。バンガローの散在する林をたどるのだが、要所には道標があり、迷うことなく登山道入口❷に着く。

いきなりの急坂だが、道は雑木林の中を九十九折を繰り返しながら続く。林越しに本栖湖を見下ろすようになると、右に進路を変えて、ベンチのある無名のピークに着く。富士山や南アルプス、八ヶ岳などが林間に見え、小休止によい。ここから竜ヶ岳の山頂を望みながら、いったんゆるく下り、登り返す。笹原が広がるようになるとあずまやの見晴台❸で、富士山の眺望は見事というほかない。傍らには本栖湖の竜を供養したと伝えられる石仏が、小屋に囲まれてたたずんでいる。

ここから急坂となるが、道は明るい笹原の斜面をジグザグにきって続いているので、眺めは抜群。急登も忘れて足を運べることだろう。傾斜がゆるやかになり、下山道分岐❹を過ぎる。本栖湖の上には八ヶ岳から奥秩父の峰々が続き、遠く北アルプスまで望める。ほどなく広々とした竜ヶ岳❺山頂に到着する。ベンチやテーブルもあり、眺望も申し分ない。富士山はもちろん、西方に南アルプスが一直線。

帰路は下山道分岐❹まで戻り、北面の下りに入る。ブナやミズナラの美しい広葉樹林帯だが、冬期は凍結した箇所もあるので要注意。本栖湖畔線❻に下ったら、湖畔の車道をたどって本栖湖バス停❶へ戻る。新緑や紅葉の季節ならこの北面の道を、富士山を眺めたいなら往路を下るとよいだろう。

▲南アルプスの好展望台でもある竜ヶ岳の山頂

▲竜ヶ岳の山頂が近づくと八ヶ岳や奥秩父の山並みを遠望できる

竜ヶ岳

本 栖 湖

1:30,000
0　250m　500m

N

本栖湖畔線

本栖湖バス停❶
本栖入口
下部へ
河口湖ICへ
0:30

登山者用駐車場

青木ヶ原

本栖湖畔線❻
青少年スポーツセンター

登山道入口❷
139

下山道分岐❹
本栖湖SUMIKA CAMP FIELD
1:10
1:30
0:35
0:50
石仏
あずまや
0:45
1:05
ベンチ
△1090

身延町

竜ヶ岳❺
1485
0:10
0:10

あずまやの見晴台❸
あずまや

端足峠へ

山梨県
富士河口湖町

富士宮へ

❸ 長者ヶ岳

ちょうじゃがたけ　▲標高1336m

▶田貫湖の水面に映る富士山も趣がある

登山適期

	適期　　準適期
1月 2月 3月 4月 5月 6月 7月 8月 9月 10月 11月 12月	

コースタイム	コース距離	レベル	
4時間50分	約9.7km	中級	体力★★★ 技術★★☆

富士見ポイント

　まず休暇村富士から田貫湖畔に下りよう。湖の奥にそびえる富士山が水面に山容を映して美しい。富士山の頂上から太陽が出るダイヤモンド富士は4月20日頃と、8月20日頃が適期。長者ヶ岳への登路は樹林の中に続くが、途中の東海自然歩道合流点では樹林がきれて富士山が見える。長者ヶ岳山頂は富士山側の樹林がなく、絶好の展望台。天子ヶ岳の山頂は樹林に邪魔されるので、白糸の滝方面へ少し下った広場左手の富士見台からがおすすめ。下山路はほとんど樹林に邪魔されており、たまにしか展望できない。

▲長者ヶ岳の山頂から見る富士山。山麓に朝霧高原が広がっている

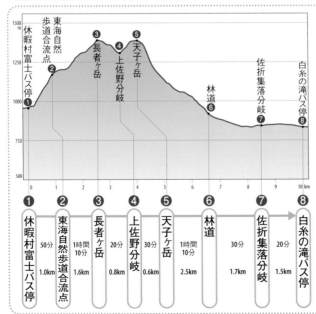

❶休暇村富士バス停 — 50分 1.0km — ❷東海自然歩道合流点 — 1時間10分 1.6km — ❸長者ヶ岳 — 20分 0.8km — ❹上佐野分岐 — 30分 0.6km — ❺天子ヶ岳 — 1時間10分 2.5km — ❻林道 — 30分 1.7km — ❼佐折集落分岐 — 20分 1.5km — ❽白糸の滝バス停

アクセス

●公共交通機関
[行き]
JR身延線・富士宮駅→富士急静岡バス約45分→休暇村富士
※休暇村富士行きのバス便は少ないので時刻は要確認。
[帰り]
白糸の滝→富士急静岡バス約30分→富士宮駅
※白糸の滝からのバスは1時間に1～2本運行。
●マイカー
田貫湖畔の駐車場を利用する。

問合せ先

富士宮市観光課
☎0544-22-1155
富士急静岡バス富士宮営業所
☎0544-26-8151
石川タクシー（富士宮駅）
☎0544-24-2222

2万5000分の1地形図　人穴・上井出

大沢崩れに対面
崩壊地形に圧倒される

▲明るい落葉広葉樹林が続く天子ヶ岳手前の縦走路

プロフィール

長者ヶ岳は富士山の西側に位置し、大沢崩れを眺める山としても知られる。大きく裂けた崩落地形を間近に見ると、その迫力に目を奪われるだろう。登山の起点になる田貫湖の湖畔には休暇村富士やバンガロー、キャンプ場などが整備されている。

コースガイド

休暇村富士の正面玄関前にある休暇村富士バス停❶でバスを下車。田貫湖の湖面に映る富士山を見る場合は、遊歩道を展望デッキまで下りればいい。長者ヶ岳へは、休暇村富士の玄関を背にして目の前の駐車場を抜け、林道を右に進む。

林道終点からは樹林の中の登山道になり、ジグザグを繰り返しながら登っていく。東海自然歩道合流点❷で田貫湖北岸からの東海自然歩道が右から合わさる。樹林がきれて田貫湖と富士山を眺められる。

合流点からは、東海自然歩道として整備された尾根道を長者ヶ岳方面に進む。展望のきかない樹林の中を緩急を繰り返しながら登っていく。やがて登山道がゆるやかになり、長者ヶ岳❸の山頂に着く。東側が開けていて、富士山の眺めがいい。反対の西側は樹林に覆われているが、南アルプス方面の展望は開けている。

南側の天子ヶ岳方面へゆるやかに下っていく。下りきった場所は上佐野分岐❹で、上佐野方面への道が右に分岐している。ここは直進する。いくつか岩の間を抜け、傾斜がゆるくなって天子ヶ岳❺の山頂に登り着く。

南に少し下ったあと東に延びる尾根道を急下降する。桜並木のある地点を経て、林道❻に下り立つ。なお、ここから林道を北にたどれば、休暇村富士まで1時間20分ほどで戻れる。

林道を横断し、植林帯を下ると、天子ヶ岳登山口に下り立つ。白糸の滝方面に入り、右手に白山大権現を見て、その下方で佐折集落分岐❼に出る。この先で立石集落を過ぎれば白糸の滝バス停❽に着く。時間が許せば、白糸の滝や音止の滝を見物しよう。音止の滝を見たい場合は観光案内所前バス停が近い。

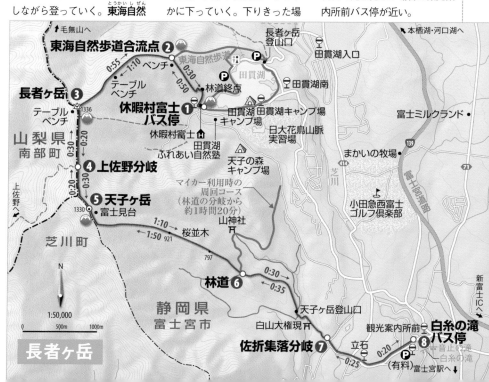

長者ヶ岳

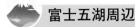
④石割山

いしわりやま ▲標高1413m

山梨県

▶平尾山から
ののびやかな
眺め

富士見ポイント

■適期　■準適期

コースタイム	4時間25分	コース距離	約9.5km	レベル	初級	体力★★☆ 技術★★☆

富士見平への石段上方で富士山がのぞく。石割神社までのゆるやかな登路の途中でも枝の間から富士山を望める場所がある。石割山山頂からの富士山展望はすばらしい。石割山から大平山まではコースにアップダウンがあり、ピークに着くたびに富士山が姿を現し、富士見登山の醍醐味を満喫できる。とくに平尾山や大平山は手前に遮るものはなく、大きな富士山を望める。左下方に広がる山中湖の眺めもいい。大平山以降はやや樹林に邪魔される。なお、逆コースは富士山を背にしながら歩くことになる。

▲石割山山頂からの富士山と山中湖

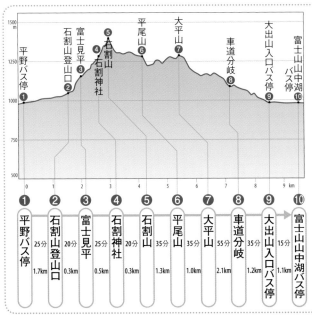

❶	❷	❸	❹	❺	❻	❼	❽	❾	❿
平野バス停	石割山登山口	富士見平	石割神社	石割山	平尾山	大平山	車道分岐	大出山入口バス停	富士山中湖バス停
	25分	20分	25分	20分	35分	35分	55分	35分	15分
	1.7km	0.3km	0.5km	0.3km	1.3km	1.0km	2.1km	1.2km	1.1km

アクセス

●公共交通機関

[行き]富士急行線・富士山駅→富士急バス約40分→平野
※平野へは新宿からの高速バスも利用できる。山中湖周辺は路線バスのほかに、花の都公園や石割の湯を周遊する「ふじっ湖号」が運行。

[帰り]富士山山中湖→富士急バス約25分→富士山駅
※富士山山中湖からは新宿や東京行きの高速バスを利用できる。

●マイカー

石割山登山口の赤鳥居前にある石割神社駐車場を利用。

問合せ先

山中湖村観光課
☎0555-62-9977
富士急バス本社営業所
☎0555-72-6877
京王高速バス予約センター
☎03-5376-2222
富士急山梨ハイヤー
☎0120-818-229

2万5000分の1地形図　御正体山・富士吉田

富士を正面に見ながらたおやかな尾根を歩く

プロフィール

石割山は富士山の東方にあり、山頂から西に延びるカヤトの尾根をたどると、まさに富士山に向かって歩いているような気分になる。山頂直下の八合目には石割神社が立ち、山名の由来になったという、割れ目の入った大きな岩が鎮座している。

コースガイド

山中湖の北東岸にある平野バス停❶で下車。国道413号を道志方面に行くと、不動明王社の立つ三叉路に石割山ハイキングコース入口バス停がある。ここで国道を離れ、民家や別荘などを見ながら車道を進むと石割山登山口❷に着く。

駐車場やトイレのある広場から右手の橋を渡り、赤鳥居をくぐる。長い石段を上った所にある富士見平❸では、枝の間から富士山が望める。ここには休憩舎が立っていて、石割の湯から

の幅広の道が合流している。この幅広の道を左へたどると、石割神社❹に突き当たる。神社に並んで、高さ15mほどの大岩が目に飛び込んでくる。

石割神社をあとに登山道をひと登りすると、石割山❺の山頂だ。正面に富士山がそびえ、左手下方には山中湖の水面が広がっている。

山頂からはやや急な斜面を下る。灌木の中で平坦路になり、左手には登山口の駐車場からの道が合流する。カヤトの明るい原をわずかに進むと、平尾山❻の山頂に到着。ここも富士山の好展望地だ。山頂西側の木段を下

▶御神体の大岩の前に石割神社の社殿がある

り、左に別荘地との境界を見ながら再び登り返す。大窪山からは灌木帯の穏やかな道だ。大平山の手前で山中湖北畔からの道が合流し、わずかに登れば大平山❼の山頂に出る。ここには休憩舎やアンテナが立っている。広場状の山頂からは富士山の眺めがいい。

大平山から先もしばらく尾根歩きが続く。展望は樹林にやや邪魔されるが、飯盛山や長池山からは富士山が眺められる。長池山を下って、右手に花の都公園への道を見送る。その先で車道分岐❽に出たら直進し、湖畔の大出山入口バス停❾へ。ここからのバス便は少ないので、湖畔の遊歩道を富士山山中湖バス停❿まで歩こう。

▲山中湖畔から望む石割山方面

石割山

富士五湖周辺

山梨県

❺ 杓子山

しゃくしやま ▲標高1598m

▶杓子山の山頂は明るく開け爽快な気分に

登山適期

				適期			準適期				
1月	2月	3月	4月	5月	6月	7月	8月	9月	10月	11月	12月

コースタイム	コース距離	レベル	
5時間5分	約12.6km	中級	体力 ★★★ 技術 ★★☆

富士見ポイント

南面一帯をカヤトに覆われた高座山は、高度を上げるにつれ、ぐんぐんと展望が開けてくるのが楽しい。そんななかで、ひときわ大きな存在感を見せているのが、裾野をゆったりと広げた富士山だ。杓子山の山頂からの眺めも高座山に負けず劣らず。安定感のある堂々とした富士山は、見飽きることはないだろう。富士山の右の裾野の奥には南アルプスの高峰群も見られる。内野バス停に向かう集落内の道は、正面に富士山を眺めながらの、のどかな里歩き。富士見登山のエピローグを飾るのにふさわしい。

▲カヤトの覆う高座山から仰ぐ富士山は均整のとれた山容が美しい

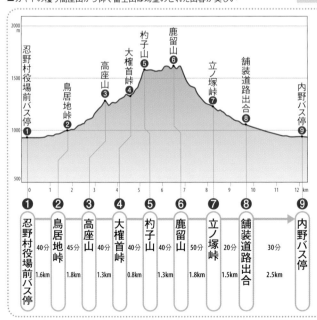

❶	❷	❸	❹	❺	❻	❼	❽	❾
忍野村役場前バス停	鳥居地峠	高座山	大権首峠	杓子山	鹿留山	立ノ塚峠	舗装道路出合	内野バス停

40分	45分	40分	40分	40分	50分	20分	30分
1.6km	1.8km	1.3km	0.8km	1.3km	1.8km	1.5km	2.5km

アクセス

●公共交通機関

[行き] 富士急行線・富士山駅→富士急バス約20分→忍野村役場前

※内野行きのバスは通常の路線バスのほか、山中湖循環バス・ふじっ湖号も利用できる。富士急行線・下吉田駅からタクシー利用ならば、鳥居地峠まで所要約15分。

[帰り] 内野→富士急バス約25分→富士山駅

●マイカー

鳥居地峠に駐車スペースあり。

問合せ先

忍野村観光産業課
☎0555-84-7794
富士吉田市富士山課
☎0555-22-1111
富士急バス本社営業所
☎0555-72-6877
富士急山梨ハイヤー
☎0120-818-229

2万5000分の1地形図 富士吉田・御正体山

130

見事な展望が開ける
2つのピークを越えて

プロフィール

都留市、富士吉田市、忍野村のちょうど接点に位置するのが杓子山。「都留市二十一秀峰」に選ばれ、「山梨百名山」の一山にも挙げられている。均整のとれた富士山を眺められる山としても人気。好展望の得られる高座山と樹林の美しい鹿留山とを結んで歩こう。

コースガイド

富士山駅からのバスを忍野村役場前バス停❶で下車。富士吉田方面に少し戻って右の小路に入り、忍野小学校の北側から忍野中学校方面へ。中学校を過ぎ、山裾に延びる林道明見忍野線を登っていく。林道の最高地点が鳥居地峠❷だ。右の幅広の作業道に入り登山口へ、さらに尾根通しに高座山を目指す。カヤト

の斜面を右手に見ながら、高度を上げていけば、四等三角点の置かれた高座山❸の山頂に着く。

山頂を後に尾根道をたどり、送電線鉄塔の脇を抜けて1369mピークを越えると、不動湯方面からの林道が合流する大権首峠❹に下り立つ。峠の東側にあるハンググライダー離陸台から杓子山への登りにかかる。急斜面をジグザグにきりながら登りつめれば、杓子山❺の山頂に飛び出す。展望のよい山頂にはテーブルとベンチがあり、石祠や「山梨百名山」の標識、三等三角点なども置かれている。

山頂から東に延びる尾根道を進んで鹿留山に向かう。子ノ神とよばれるピークに着くと、山頂部の東端で登山道が二分している。右に急下降している道は立ノ塚峠（内野峠）へ通じており、鹿留山へは直進する。たんたんとした尾根道を歩いてまもなく、

▲落葉広葉樹林の中を歩いて鹿留山の山頂へ

鹿留山❻の山頂に達する。三等三角点を置くが、周囲をブナやミズナラなどの巨木が覆い、展望は開けない。

子ノ神のピークまで往路を戻ったら、道標に従い左の立ノ塚峠方面への道に入る。

露岩の多い急斜面をしばらく下り、タキ沢ノ頭を越えて林道状に開かれた道を行くようになれば、まもなく立ノ塚峠❼に出る。ここで尾根を離れ、右（西）に下っている林道を進む。幅広の舗装道路出合❽からはこれを左へたどる。最奥の民家が現れたら、あとは内野集落内をゆるやかに下っていくだけ。

稲荷橋で新名庄川を渡れば、内野バス停❾は近い。

1:40,000

杓子山

中央沿線

⑥ 高川山

たかがわやま　▲標高975m

山梨県

▶山名標柱や展望盤などがある高川山山頂。右奥に富士山が見える

登山適期

1月	2月	3月	4月	5月	6月	7月	8月	9月	10月	11月	12月

適期 ／ 準適期

| コースタイム | 3時間10分 | コース距離 | 約6.9km | レベル | 初級 | 体力 ★★☆　技術 ★★☆ |

富士見ポイント

「富士の眺めが日本一美しい街」をうたう大月市が、市内にそびえる山々の中から、秀麗な富士山を眺められる山頂を選んだのが「秀麗富嶽十二景」。高川山は、その中の11番山頂に選定されている。山頂に立つと、都留盆地の奥にどっしりそびえる富士山が目に飛び込む。富士山だけでなく、南大菩薩連嶺や道志山塊、桂川流域の山々、南アルプスなど、周囲の山並みの眺めも見事。山頂以外から富士山を仰ぐことはほとんどできないが、それだけに山頂からの富士山の眺めは強い印象を残すだろう。

▲高川山山頂からの富士山。「秀麗富嶽十二景」にふさわしい景観だ

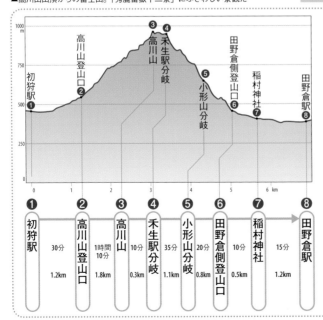

❶初狩駅		❷高川山登山口		❸高川山		❹禾生駅分岐		❺小形山分岐		❻田野倉側登山口		❼稲村神社		❽田野倉駅
	30分		1時間10分		10分		35分		20分		10分		15分	
	1.2km		1.8km		0.3km		1.1km		0.8km		0.5km		1.2km	

アクセス

●公共交通機関

[行き]

JR中央本線・初狩駅下車

※新宿駅から特急あずさ号などを利用する場合は、大月駅でJR中央本線の普通列車に乗り換え。

[帰り]

富士急行線・田野倉駅→富士急行線普通6分→JR中央本線・大月駅

※富士急行線は1時間に1～2本と運行本数が少ないので、時刻はあらかじめ確認を。

●マイカー

高川山登山口の手前に5～6台の駐車が可能。

問合せ先

大月市産業観光課
☎0554-20-1829
都留市産業課
☎0554-43-1111
富士急行線富士山駅
☎0555-22-7133

2万5000分の1地形図　大月

中央線沿線のなかでも
人気の高い好展望の山

プロフィール

大月市と都留市との境にボリュームのある山容でそびえる高川山。「山梨百名山」に挙げられ、大月市選定の「秀麗富嶽十二景」にも数えられている。山頂の展望のよさに加え、駅と駅とを結んで歩ける気軽さもあり、中央線沿線の山の中でも人気が高い。

コースガイド

初狩駅❶の駅前を国道20号方面に進み、大和屋旅館の立つ十字路を右折して細い車道を行く。JR中央本線のガードをくぐり、三叉路に出たら左にとって自徳寺の山門下を通る。最奥の

高川山の山頂に近づくと明るい雑木林の中を行くようになる

民家を過ぎて寒場沢を渡り、狭い車道を道なりに進む。山裾をゆるやかに登っていけば、高川山登山口❷に着く。

寒場沢沿いに直進している道は沢コース。ここでは左の斜面に延びる階段道に取り付く。薄暗い植林の中を登っていくと、やがて男坂と女坂との分岐に出る。どちらをとっても歩行時間に大差はないが、ここは急登の少ない女坂を行こう。山腹道をゆるやかに登っていくと、沢コースからの道が合流する。徐々に傾斜が増し、男坂に合流して足場の悪い急斜面を登りきれば、雑木林の中のたんたんとした道を行くようになる。右に西尾根方面への道を見てまもなく、高川山❸の山頂に飛び出す。露岩の目立つ山頂には、方位盤や「山梨百名山」の標識、山名を刻んだ石碑などが並んでいる。

下山路は、富士急行線の田野倉駅に行く松葉コースをとろう。

山頂の道標に従い北東側の斜面を下っていくと、小さな鞍部に出る。禾生駅分岐❹で、右に禾生駅への道が分かれている。分岐を直進し、小ピークを越えて露岩の多い急斜面をしばらく下れば、小形山分岐❺に着く。尾根を離れて山腹道に入ると、すぐに左手に石仏や馬頭観音の石碑が現れる。上観音とよばれるところで、一段下の弁慶石を過ぎた先の左手の斜面には下観音がある。下観音からひと下りすれば車道に飛び出す。ここが田野倉側登山口❻にあたる。

車道を右にとり、中央自動車道をくぐると、右奥に稲村神社❼が見える。境内に都留市の天然記念物に指定されたエノキがあり、隣接して尾県郷土資料館が立っている。堀ノ内集落を抜け、舟場橋で桂川を渡って国道139号に出たら左の大月方面へ。まもなく右の小路の奥に田野倉駅❽が見える。

高川山

1:40,000

0　　500m　　1000m

箱根　神奈川県・静岡県

⑦金時山
きんときやま ▲標高1212m

▶乙女峠に設置されたかわいらしい富士山展望台

登山適期

1月	2月	3月	4月	5月	6月	7月	8月	9月	10月	11月	12月

適期 / 準適期

コースタイム	**3**時間**45**分	コース距離	約**6.8**km	レベル	**初級**	体力 ★★☆ 技術 ★★☆

富士見ポイント

　仙石原側からの登路をとる場合、山頂へ出るまで富士山を見ることはできない。それだけに、金時山の山頂へ登り着いて富士山の山体全部を目の前にした時の感激は大きい。長尾山方面へのルートに入ると、富士山は枝の間からしか見えない状態になり、そのうち手前の稜線に隠れてしまう。次に富士山が展望できるのは、長尾山手前の鞍部だが、周囲に若干の枝が伸びているため、やや苦しい。乙女峠の西側には富士山展望台がある。仙石原側への下山ルートに入ると富士山は展望できない。

▲金時山の山頂からの富士山の眺めは見事。眼下に御殿場市街が広がる

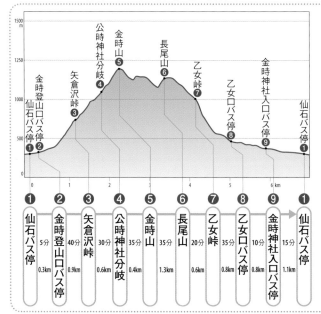

❶	❷	❸	❹	❺	❻	❼	❽	❾	❶
仙石バス停	金時登山口バス停	矢倉沢峠	公時神社分岐	金時山	長尾山	乙女峠	乙女口バス停	金時神社入口バス停	仙石バス停
	5分	40分	30分	35分	35分	20分	35分	10分	15分
	0.3km	0.9km	0.6km	0.4km	1.3km	0.6km	0.8km	0.8km	1.1km

アクセス

●公共交通機関
[行き・帰り]
箱根登山鉄道・箱根湯本駅→箱根登山バス約25分→仙石
※仙石へのバスはJR・小田急線小田原駅始発の桃源台行きを利用。新宿から高速バスで金時登山口まで約2時間5分。乙女口や金時神社入口から仙石方面へのバス便は少ない。

●マイカー
金時神社入口バス停の周辺に、有料と無料の駐車場がある。

問合せ先

箱根町総合観光案内所
☎0460-85-5700
箱根登山バス小田原営業所
☎0465-35-1271
小田急ハイウェイバス
☎03-3428-5331
箱根モビリティサービス
（タクシー）
☎0120-148-512

2万5000分の1地形図　関本・御殿場

▲金時山の山頂から神山方面を望む。白い噴煙を上げているのは大涌谷

▲帰路に立ち寄りたい公時神社

富士山の眺めは箱根山塊で有数

プロフィール

古くは猪鼻岳とよばれた金時山は、箱根山塊の北西部に位置し、富士山の好展望地として人気が高い。富士山だけでなく、箱根山塊や芦ノ湖をはじめ、愛鷹連峰や南アルプスの一部、奥秩父連峰なども展望できる。南麓には金太郎伝説ゆかりの公時神社が立つ。

コースガイド

箱根湯本駅からのバスを仙石バス停❶で下車する。国道138号を御殿場方面へ進んで、左に桃源台への車道を見送る。直進すると金時登山口バス停❷があり、右の小道に入る。

なだらかな舗装路をたどり、

▲矢倉沢峠に出ると山頂部の奥に金時山が笹原の見せる

別荘などの建物が途切れる三叉路で左へ向かうと、右手に矢倉沢峠への登り口がある。笹の間の道を急登していけば、矢倉沢峠❸に出る。樹林がきれ、空が開けて明るい。

矢倉沢峠からの登路ではときどき笹がきれて、仙石原方面や箱根連山の最高峰にあたる神山などが見渡せる。その上部で左から道が合流する。公時神社分岐❹だ。ここからはやや急な斜面が現れ、ロープが設置されている場所もある。やがて金時山❺の山頂に飛び出す。

すぐ右に神奈川県側の茶屋があり、その前に展望盤が設置されている。その先には静岡県側の茶屋が立っている。山頂からの富士山の展望は文句ない。

山頂を後にし、灌木の中の道を下る。登山道はやがて急傾斜になり、ロープが設置されている。富士山は枝の間からチラチラとのぞくが、そのうち手前の稜線に隠れる。鞍部からひと登りで長尾山❻の山頂に着く。なだらかな山頂部は樹林が覆い、展望は限られる。木段の道を下りきった乙女峠❼では西側に富士山展望台がある。

乙女峠から仙石原側への雑木林を下る。石のゴロゴロした箇所を通過し、ヒノキ林の中を下れば、乙女口バス停❽に出る。仙石方面へのバスは運行本数が少ないので、国道138号を仙石原方面に歩こう。金時神社入口バス停❾を通過し、車道脇の歩道を仙石バス停❶へ向かう。

箱根　神奈川県

⑧矢倉岳
やぐらだけ　▲標高870m

▶矢倉岳の山頂から望む富士山は重量感がある

登山適期											
1月	2月	3月	4月	5月	6月	7月	8月	9月	10月	11月	12月

適期　準適期

コースタイム **4**時間**40**分　コース距離 約**8.5**km　レベル **初級**　体力 ★★☆　技術 ★☆☆

▲大正～昭和に活躍した歌人・生田蝶介の歌碑が立つ足柄峠からの富士山

富士見ポイント

　草原の覆う矢倉岳の山頂はまるで広場のよう。北側は樹林が茂って展望はよくないが、それ以外は大きく開けて抜群の眺望が得られる。特に西側に見える富士山が、そのなかのハイライト。御殿場市街の上に悠然とそびえ、圧倒的な存在感を見せつける。ほかに箱根連山をはじめ、三浦半島や相模湾などの眺めもすばらしい。山頂の一角に設けられた木製の展望櫓に上っても、視界があまり変わらないのは残念。足柄峠も富士山の好展望地なので、ぜひ立ち寄ってみたい。峠の北西側に位置する足柄城址がおすすめ。

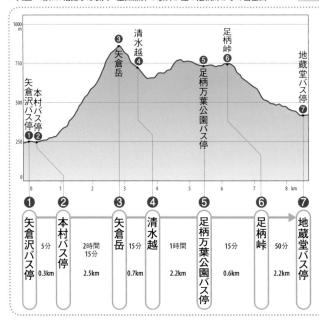

①矢倉沢バス停		②本村バス停		③矢倉岳		④清水越		⑤足柄万葉公園バス停		⑥足柄峠		⑦地蔵堂バス停
	5分		2時間15分		15分		1時間		15分		50分	
	0.3km		2.5km		0.7km		2.2km		0.6km		2.2km	

アクセス

●公共交通機関

[行き] 伊豆箱根鉄道・大雄山駅(関本)→箱根登山バス10～20分→矢倉沢

※大雄山駅へはJR・小田急線小田原駅で伊豆箱根鉄道大雄山線に乗り換えて所要21分。大雄山駅前のバスターミナルの呼称は関本。地蔵堂方面行きのバスは新松田駅始発で関本を経由する便もある。

[帰り] 地蔵堂→箱根登山バス20～30分→大雄山駅(関本)

※4～5月、10～11月の土・日曜、祝日は足柄万葉公園までバスが運行。

●マイカー

足柄万葉公園と足柄峠、地蔵堂に駐車場がある。

問合せ先

南足柄市商工観光課
☎0465-73-8031
箱根登山バス関本案内所
☎0465-74-0043
伊豆箱根鉄道小田原駅
☎0465-22-9173

2万5000分の1地形図　関本

▲矢倉岳山頂の矢倉沢本村側には矢倉明神の祠がある

眺望抜群の山頂から歴史のある古道へ

プロフィール

箱根連山の北端に位置し、ドーム状の愛らしい山容がよく目立つ矢倉岳。草原に覆われた山頂は眺望がよく開け、富士山の展望台として人気が高い。足柄万葉公園や足柄峠など、歴史に思いをはせる見どころも同時に楽しむコースをとろう。

コースガイド

大雄山駅前の関本からのバスを県道78号沿いにある**矢倉沢バス停❶**で下車。県道を離れて前田橋で内川を渡ると、**本村バス停❷**がある。バスによってはここまで入る便があるので、その場合はこちらを起点にしよう。

内川沿いの車道を上流に向かい、すぐに右に分岐する車道へ入り、次の分岐を左へ進む。白山神社の下を通り、ミカン園の中に続く簡易舗装の農道をたどっていく。水道タンクを過ぎた先から山道を登るようになる。急斜面をジグザグに登り、尾根筋に出たら、ほぼ尾根通しに高度を上げていく。やがてたんたんとした道を行くようになれば、まもなく樹林を出て**矢倉岳❸**の山頂に到着だ。のびやかな山頂は爽快感にあふれている。

山頂から西側の斜面を下っていくと、足柄峠と洒水ノ滝とを結ぶ道に下り立つ。この分岐が**清水越❹**で、足柄峠へは左の道を進む。樹林の中に続く道は、ほぼ尾根通しに延びている。進路

▶足柄万葉公園には『万葉集』の歌を刻んだ石碑が並ぶ

が西から南に変わってまもなく、左に地蔵堂へ直接下る道が分岐する。この分岐を直進すると、すぐに足柄万葉公園の中の遊歩道をたどるようになる。沿道には、『万葉集』に収められた足柄ゆかりの一首を刻んだ石碑が並び、歌にちなんだ植物も植えられている。公園を抜けると県道78号に出ると、**足柄万葉公園バス停❺**がある。春と秋の土・日曜、祝日なら、ここで地蔵堂経由関本方面行きのバスを利用できる。

県道をさらに南に進んで**足柄峠❻**まで足を延ばそう。足柄古道の下り口を過ぎると、左手に足柄関所跡が現れ、その向かいに日本三体聖天尊のひとつといとう聖天堂が立っている。その先の足柄城址に行けば、見事な富士山を眺められる。

足柄峠からは、足柄万葉公園に戻る途中で、右の足柄古道に入る。ここは箱根でも碓氷道に次いで古い街道で、大化の改新（645年）の後に整備されたという。車道（県道78号）を何度か横断しながら古道を下っていけば、**地蔵堂バス停❼**に達する。

富士を眺める山歩き

矢倉岳

矢倉岳

伊豆

静岡県

⑨ 玄岳

くろたけ ▲標高798m

▶玄岳の山頂から望むのびやかな景観と富士山

登山適期					適期		準適期				
1月	2月	3月	4月	5月	6月	7月	8月	9月	10月	11月	12月

コースタイム	コース距離	レベル	
3時間20分	約**8.9**km	**初級**	体力★★☆ 技術★★☆

▲山上にたたずむ氷ヶ池。尾根の窪みから富士山が頭をのぞかせている

富士見ポイント

標高は低いが、展望抜群の玄岳。草原状の山頂は、どこからでも開放感あふれる富士山の眺めが満喫できる。南東側に位置しているため、つねに順光線で眺められるのもよい。沼津や三島の街並みを眼下に、箱根山の裾野、愛鷹山の裾野、そして富士山の裾野が交わる広大な展望が得られる。下山途中の氷ヶ池では、東端から西に目をやると、尾根の向こうに富士山がちょこんと顔を出している。ただし玄岳東側の周回コースは背丈の高い笹と急斜面の下りがあるので、初心者は紹介コースを忠実に歩こう。

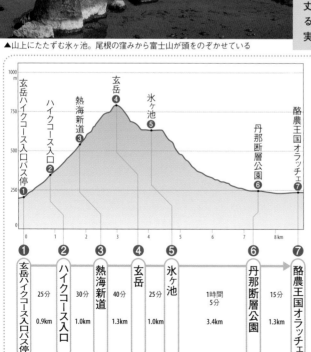

❶	❷	❸	❹	❺	❻	❼
玄岳ハイクコース入口バス停	ハイクコース入口	熱海新道	玄岳	氷ヶ池	丹那断層公園	酪農王国オラッチェ

| | 25分 0.9km | 30分 1.0km | 40分 1.3km | 25分 1.0km | 1時間5分 3.4km | 15分 1.3km | |

アクセス

●公共交通機関
[行き]
JR東海道本線・熱海駅→東海バス約20分→玄岳ハイクコース入口
※ひばりヶ丘行きのバスを利用。1時間に3〜4本の運行。

[帰り]
酪農王国オラッチェ→タクシー約25分→熱海駅
※JR函南駅へはタクシーで約15分。

●マイカー
登山口周辺に駐車スペースはない。

問合せ先

熱海市観光経済課
☎0557-86-6195
東海バス熱海営業所
☎0557-85-0381
伊豆箱根交通タクシー（熱海）
☎0557-81-0251
函南タクシー
☎0120-022-820

2万5000分の1地形図　熱海

360度の大パノラマが待つ展望の頂へ

プロフィール

箱根と伊豆を結ぶ稜線上に位置する玄岳は800mにも満たない草山だが、あなどるなかれ。山頂には相模湾と駿河湾、そして富士山や南アルプスを望む、海と山の大展望が待っている。酪農で知られる丹那盆地へ下り、のどかな里の風景を味わおう。

コースガイド

玄岳ハイクコース入口バス停❶から、道路角に立つ道標に従って住宅地の坂道を登る。民家が途切れた先で車道は終わり、ハイクコース入口❷となる。

竹林に挟まれた道は石がごろごろして歩きにくい。周囲が明るい雑木林に変わり、左手に涸れ沢を見るようになると、熱海新道❸を越える陸橋に着く。

ここから尾根通しの山道に取り付き、ジグザグを繰り返す。道がゆるやかになると、熱海市街と相模湾を見下ろす芝草の広場に着く。だが、まもなく頂上なので長居は無用。灌木帯を抜けると展望が開け、すぐに氷ヶ池への分岐に出る。かつて熱海高原とよばれていた時期もあっただけに、周囲には笹原が広がり、高原の風情を漂わせている。分岐を左にとれば、わずかの登りで玄岳❹の頂上に飛び出す。

▲笹の多い道を氷ヶ池に向かう

草原状の頂上は広く、大展望が開けている。ただし展望のきく日は風が強いことも多いので、防寒対策は十分に。

下山路の入口に道標はないが、富士山に向かって笹の切り開きを下る。道が笹に覆われている箇所もあるので注意を。伊豆スカイラインに出たら車道を横断し、右前方に見える丘の道を登る。見晴らしのよい尾根道を過ぎると、滑りやすい笹原の急坂になる。下り着いた丁字路を右に行けば氷ヶ池❺だ。岸辺には

▲雑木林の道を登り、玄岳の山頂へと向かっていく

▲広々とした玄岳頂上に集う登山者たち

芝草が広がり、休憩にもよい。

いったん丁字路へ戻り、直進する。展望台跡の草地で富士山の最後の眺めを楽しんだあとは、シノダケやヒノキの植林帯の中に続く、石で歩きづらい道を下る。車道に出たら右折。牧場の脇を抜け、熱函道路を横断して道なりに進む。丹那盆地の東端で左に行けば丹那断層公園❻が見えてくる。ここからは田園の中の道。玄岳を振り仰ぎながら酪農王国オラッチェ❼まで、気ままに歩いていけばよい。

酪農王国オラッチェではジャムや乳製品を販売しているほか、地ビールなども味わえる。バス便はないので、タクシーを呼び、熱海駅か函南駅に出る。

玄岳

❼酪農王国オラッチェ

熱海峠ICへ

東海道新幹線
JR東海道本線

伊豆スカイライン

函南駅へ

丹那

熱函道路

0:15

丹那断層公園❻
P

N

1:50,000

500m   1000m

静岡県
函南町

弦巻山

池ノ山
681

熱海市

展望台跡
1:20

1:05

P
0:25

玄岳IC
0:35

❺氷ヶ池

玄岳ハイクコース
入口バス停

ひばりヶ丘
❶

熱海駅へ

氷ヶ池からの周回コース。途中道の悪い箇所がある

0:30

△798
玄岳❹

0:40

熱海新道❸

0:25

0:15

0:25

❷
ハイクコース
入口

0:30

伊豆の国市

熱海新道

笹山峠ICへ

静岡県

⑩達磨山

だるまやま ▲標高982m

▶だるま山高原レストハウスからの富士山も必見

富士見ポイント

登山適期								■ 適期	□ 準適期	
1月	2月	3月	4月	5月	6月	7月	8月	9月	10月	11月	12月

コースタイム	2時間35分	コース距離	約6.4km	レベル	初級	体力★☆☆ 技術★☆☆

▲金冠山山頂から駿河湾越しに富士山を望む

山頂に一等三角点を置く達磨山は、昔は十三国が眺められたところから十三国峠ともよばれていたという。いまでもその眺望のよさは変わらない。特に駿河湾越しに望む富士山は、愛鷹連峰を手前に配して鋭角的にそびえ、勇壮なたたずまいを見せる。この景観は伊豆三絶(三絶景)のひとつに挙げられ、日本画家の横山大観もここからの富士山を好んで描いた。達磨山同様に、金冠山の山頂も富士山の好展望台になっている。さらに、だるま山高原レストハウスからも秀麗な富士山を眺められるので、忘れずに。

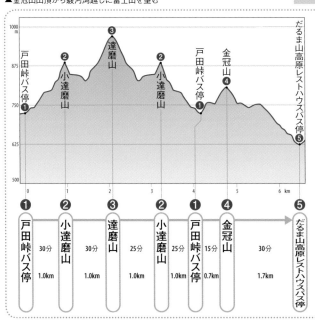

アクセス

●公共交通機関
[行き]伊豆箱根鉄道・修善寺駅→東海バス約30分→戸田峠
※修善寺駅へはJR三島駅から伊豆箱根鉄道で35分。戸田峠を経る戸田行きのバスは運行本数が少ないので時刻は要確認。
[帰り]だるま山高原レストハウス→東海バス約30分→修善寺駅
●マイカー
駐車場は戸田峠のほかに、だるま山高原レストハウスや達磨山の南側登山口にも完備。

問合せ先

伊豆市観光協会天城支部
☎0558-85-1056
伊豆市観光協会修善寺支部
☎0558-72-2501
東海バス修善寺営業所
☎0558-72-1841
伊豆箱根交通タクシー(修善寺)
☎0558-72-1811

2万5000分の1地形図 達磨山

▲金冠山の山頂部から仰ぐ小達磨山（手前）と達磨山

のびやかな景観の中
爽快な山稜歩き

プロフィール

中伊豆と西伊豆とを分けるように南北に連なる伊豆山稜。その北端部に位置する達磨山は、一帯を笹に覆われ、見事な眺望が開けている。よく整備された伊豆山稜線歩道が通じており、富士山をはじめとする山岳展望を気軽に楽しめる。

コースガイド

修善寺駅からのバスを、県道18号と西伊豆スカイラインとの合流点にある戸田峠バス停❶で下車。バス停前の戸田峠駐車場の北端部に、伊豆山稜線歩道の道標が立っている。

まずは達磨山を往復しよう。階段道を登り、尾根上に出たら南の尾根通しの道をたどっていく。やや急な階段道を登り、トンネルのように茂るアセビ林の中を行くと、小達磨山❷の山頂に着く。樹林に覆われ、山名標識がなければ気づかずに通過してしまうかもしれない。

南面の階段道を下ったあと、たんたんとした道を進んで西伊豆スカイラインに合流。車道を船原峠方面に少し行けば、達磨山への登り口がある。山頂まで明瞭な登山道が延び、ぐんぐんと高度を上げて達磨山❸の山頂に達する。小広い山頂の中心部

に一等三角点が置かれ、達磨山の故事来歴などを刻んだ「山岳の誌」という石碑も立っている。

往路を戸田峠バス停❶まで戻ったら、県道18号を横断し、金冠山第二トンネルの手前で右の歩道へ。灌木帯を登っていくと、変則十字路に出る。右に延びる道は、だるま山高原レストハウスに通じ、北に延びる道は金冠山を巻いて真城峠に行く。ここは左（西）の道に進み、短い急登で右に海上保安庁の電波中継所を見ると、

すぐに金冠山❹の山頂だ。西寄りに金冠山と刻まれた石碑が立ち、達磨山に負けないほどの展望が開けている。

変則十字路まで往路を戻り、だるま山高原レストハウス方面への道を進む。防火帯の中に続く道は明るく開け、軽快に歩くことができる。尾根が二分する地点で右に折れ、やがて樹林を抜け出し県道18号に下り立つ。車道を修善寺方面に少し行けば、だるま山高原レストハウスが現れる。だるま山高原レストハウスバス停❺は広い駐車場の東端にある。

達磨山

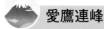

愛鷹連峰　　　　　　　　　　　**静 岡 県**

⑪越前岳

えちぜんだけ　▲標高1504m

▶富士見台からの富士山は雄大そのもの

登山適期										■適期	□準適期
1月	2月	3月	4月	5月	6月	7月	8月	9月	10月	11月	12月

コースタイム 4時間45分　**コース距離** 約7km　**レベル** 初級　体力★★☆ 技術★★☆

▲休憩ポイントの馬ノ背からは富士山が真正面に望める

富士見ポイント

　十里木高原から馬ノ背あたりまでは、存在感抜群の富士山が眺められる。越前岳の山頂では、灌木の上に山容を見せる。ハイライトは富士見台。戦前戦後を通じて風景や山岳写真の第一人者として活躍した岡田紅陽（1895〜1972）が好んで富士山を撮影したところ。ここで撮影された富士山は、昭和13年（1938）発行の50銭紙幣の図案に採用された。ほかに、富士見台から続く黒岳も好展望のポイント。とくに山頂手前の富士山展望所からの眺めは見事。富士見峠から黒岳へは50分ほどで往復できる。

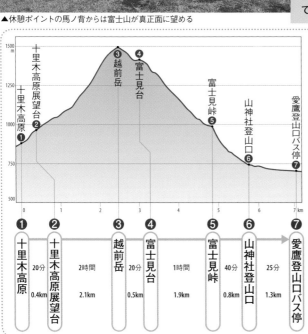

❶	❷	❸	❹	❺	❻	❼
十里木高原	十里木高原展望台	越前岳	富士見台	富士見峠	山神社登山口	愛鷹登山口バス停
	20分	2時間	20分	1時間	40分	25分
	0.4km	2.1km	0.5km	1.9km	0.8km	1.3km

アクセス

●**公共交通機関**
[行き] JR御殿場線・御殿場駅→タクシー約35分→十里木高原
※御殿場駅〜十里木間に富士急モビリティバスが運行している（所要約45分）。十里木から十里木高原までは徒歩約10分。JR東海道本線・富士駅から十里木高原への富士急静岡バス便もあるが、土・日曜、祝日の1便のみ。
[帰り] 愛鷹登山口→富士急モビリティバス約30分→御殿場駅
※バス時刻は事前に必ず確認を。

●**マイカー**
十里木高原と山神社登山口に駐車場がある。

問合せ先

裾野市産業観光スポーツ課
☎055-995-1825
富士急モビリティバス
☎0550-82-1333
御殿場タクシー
☎0550-82-1234

2万5000分の1地形図　印野・愛鷹山

◀馬ノ背〜越前岳間の登山道

▲十里木高原からはススキの原に延びる階段道を行く

太平洋側から近距離に富士山を眺められる

プロフィール

富士山の南側に大きな山塊をつくる愛鷹連峰は、富士山よりも古い火山で、崩壊前は富士山を超す標高を誇っていたといわれる。その連峰の最高峰が越前岳。山塊の中で最も北側に位置しており、富士山の好展望台になっている。

コースガイド

越前岳の北側の登山口にあたる十里木高原❶が起点。駐車場が広がり、その一角にトイレや案内板がある。電波中継施設のアンテナを見上げ、ススキの覆う斜面を登っていく。電波中継施設の直下まで登れば、櫓のように組まれた十里木高原展望台❷が現れる。

十里木高原展望台を後に電波中継施設の脇を通り、次に上部の電波中継施設を見てまもなく、馬ノ背という平坦地に出る。三等三角点が置かれ、テーブルやベンチも設けられている。馬ノ背の先で高木帯に入り、定点観察木に指定されたブナの古木を見るころ、傾斜がきつくなる。アシタカツツジやミツバツツジが目立つようになり、勢子辻方面への道を右に見送ると、ひと登りで越前岳❸の山頂に飛び出す。二等三角点を置く山頂からは、愛鷹連峰や南アルプス、駿河湾などを一望できる。

越前岳の山頂から東に延びる尾根道をたどり、緩急の下りを繰り返すと、岡田紅陽が富士山の撮影地として好んだ富士見台❹に出る。なおも尾根道を進み、進路が東から北に変わるところに鋸岳展望台がある。右手の一段高みなので、注意しないと気づかずに通過してしまう。鋸岳展望台から溝状に深くえぐれた道を下り、やがて傾斜もゆるんで杉林を出ると富士見峠❺に着く。ここで尾根を離れ、愛鷹山荘の脇を通って山腹道に入る。涸れ沢の露岩の上を下っていくと、杉林の中にひっそりと鎮座する山神社が現れる。杉林を抜け出し、車道に出たところが山神社登山口❻だ。車道の反対側に広がる山神社駐車場を右に見て、車道を道なりに行けば、愛鷹登山口バス停❼に達する。

越前岳

「樹下の二人」とよばれるサンショウバラの群生地方面から望む不老山

須走口五合目と箱根の金時山を結ぶ
富士箱根トレイル

富士山の東面から東麓へと町域を広げる静岡県小山町。山梨県と神奈川県に接しており、その県境には箱根の金時山に始まり、西丹沢の不老山や湯船山、山中湖の三国山や大洞山など、ハイカーに親しまれている山が多い。そんな地理的な特徴を生かそうと、小山町によって整備されたのが富士箱根トレイルだ。

トレイルの起点は、小山町と神奈川県箱根町、南足柄市とのちょうど接点にそびえる金時山。そこから県境を北上し、足柄峠、JR駿河小山駅を経て不老山（西峰）に達したところで西に方向変え。湯船山、明神峠、三国山を越え、東口本宮冨士浅間神社を経て須走口五合目に至る。総距離は約43km。富士山に近い山稜をたどることもあり、随所で富士山を仰ぐことができ、ブナやミズナラなどの樹林の豊かさも際立っている。特に不老山から明神峠にかけて多く見られるサンショウバラの華麗な花は見逃せない。

さてこのトレイルの構想は、小山町の元町長の「町の自然を後世に残そう」という呼びかけがきっかけ。いままで歩かれていたハイキングコースはそのまま生かし、未整備区間については町民のボランティアを得て整備が進められた。道標の設置やルートの整備を終え、2009年に開通した。

変化に富んだハイキングやウォーキングが楽しめる富士箱根トレイル。季節を変えながら、多彩な山々を踏破してみてはどうだろう。

富士箱根トレイルの内容やガイドマップ、留意点などは、小山町のホームページ（http://www.fuji-oyama.jp）に紹介されている。

問合せは、小山町観光協会（☎0550-76-5000）へ。

サンショウバラの開花は5月下旬から6月上旬が目安

車道沿いに立つ明神峠登山口の道標

富士登山インフォメーション

持ち物や登山ルートが決定したら、いよいよ出発。
各ルートの登山口への交通をチェックして、
山小屋も予約。登山計画書も提出しておこう。

富士登山 登山口別 アクセスガイド

富士登山の4大ルートの各登山口へはどのようなアクセス方法があるのだろう。
電車・バスの公共交通機関を利用する場合とマイカーを利用する場合とに分けてガイドしよう。

電車・バス利用で五合目へ

東京や名古屋、大阪から富士登山4大ルートの各登山口に電車やバスを利用して行く方法を紹介。バスは運行日が限定されており、運行本数が少ない路線も多いので、あらかじめ確認しておこう。また、直行バスや長距離バスは、予約指定制になっているので事前の予約を忘れずに。

吉田ルートへ

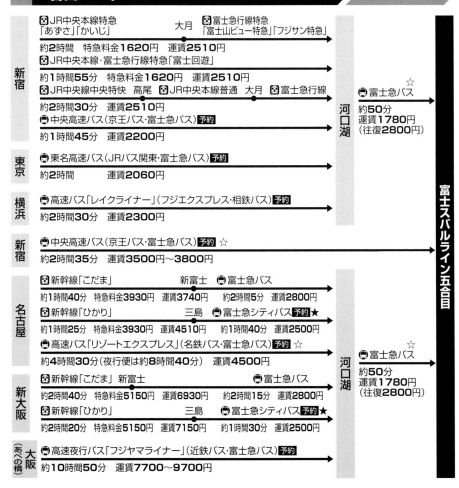

新宿
- 🚃 JR中央本線特急「あずさ」「かいじ」 大月 🚃 富士急行線特急「富士山ビュー特急」「フジサン特急」
  約2時間 特急料金1620円 運賃2510円
- 🚃 JR中央本線・富士急行線特急「富士回遊」
  約1時間55分 特急料金1620円 運賃2510円
- 🚃 JR中央線中央特快 高尾 🚃 JR中央本線普通 大月 🚃 富士急行線
  約2時間30分 運賃2510円
- 🚌 中央高速バス(京王バス・富士急バス) 予約
  約1時間45分 運賃2200円

東京
- 🚌 東名高速バス(JRバス関東・富士急バス) 予約
  約2時間 運賃2060円

横浜
- 🚌 高速バス「レイクライナー」(フジエクスプレス・相鉄バス) 予約
  約2時間30分 運賃2300円

新宿
- 🚌 中央高速バス(京王バス・富士急バス) 予約 ☆
  約2時間35分 運賃3500円～3800円

名古屋
- 🚃 新幹線「こだま」 新富士 🚌 富士急バス
  約1時間40分 特急料金3930円 運賃3740円 約2時間5分 運賃2800円
- 🚃 新幹線「ひかり」 三島 🚌 富士急シティバス 予約 ★
  約1時間25分 特急料金3930円 運賃4510円 約1時間40分 運賃2500円
- 🚌 高速バス「リゾートエクスプレス」(名鉄バス・富士急バス) 予約 ☆
  約4時間30分(夜行便は約8時間40分) 運賃4500円

新大阪
- 🚃 新幹線「こだま」 新富士 🚌 富士急バス
  約2時間40分 特急料金5150円 運賃6930円 約2時間15分 運賃2800円
- 🚃 新幹線「ひかり」 三島 🚌 富士急シティバス 予約 ★
  約2時間20分 特急料金5150円 運賃7150円 約1時間30分 運賃2500円

大阪(あべの橋)
- 🚌 高速夜行バス「フジヤマライナー」(近鉄バス・富士急バス) 予約
  約10時間50分 運賃7700～9700円

河口湖 → 🚌 富士急バス ☆ 約50分 運賃1780円(往復2800円) → 富士スバルライン五合目

須走口・御殿場口へ

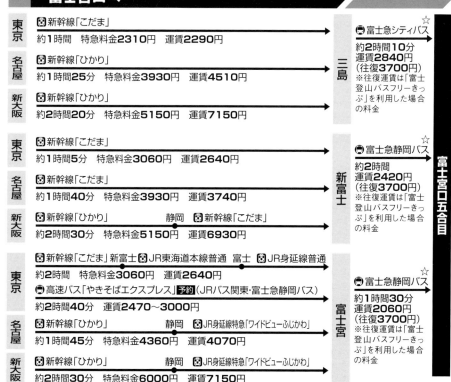

新宿
🚃小田急線・JR御殿場線特急「ふじさん」
約1時間35分　特急料金1610円　運賃1310円

🚌小田急箱根高速バス 予約
約1時間45分　運賃1800円

東京
🚃JR東海道本線快速「アクティー」　国府津　🚃JR御殿場線普通
約2時間15分　運賃1980円

🚃新幹線「こだま」　約1時間
三島までのJR運賃2310円　特急料金2290円
御殿場までのJR運賃2640円

名古屋
🚃新幹線「ひかり」　約1時間25分
三島までのJR運賃4510円　特急料金3930円
御殿場までのJR運賃4840円

新大阪
🚃新幹線「ひかり」　約2時間10分
三島までのJR運賃7150円　特急料金5150円
御殿場までのJR運賃7700円

三島
🚃JR東海道本線沼津　🚃JR御殿場線
約40分

🚌富士急モビリティ
約50分
運賃1140円

御殿場

須走口五合目
🚌富士急モビリティ ☆
約1時間
運賃1570円
（往復2400円）

御殿場口新五合目
🚌富士急モビリティ
約40分
運賃1130円
（往復1900円）

富士宮口へ

東京
🚃新幹線「こだま」
約1時間　特急料金2310円　運賃2290円

名古屋
🚃新幹線「ひかり」
約1時間25分　特急料金3930円　運賃4510円

新大阪
🚃新幹線「ひかり」
約2時間20分　特急料金5150円　運賃7150円

三島
🚌富士急シティバス ☆
約2時間10分
運賃2840円
（往復3700円）
※往復運賃は「富士登山バスフリーきっぷ」を利用した場合の料金

東京
🚃新幹線「こだま」
約1時間5分　特急料金3060円　運賃2640円

名古屋
🚃新幹線「こだま」
約1時間40分　特急料金3930円　運賃3740円

新大阪
🚃新幹線「ひかり」　静岡　🚃新幹線「こだま」
約2時間30分　特急料金5150円　運賃6930円

新富士
🚌富士急静岡バス ☆
約2時間
運賃2420円
（往復3700円）
※往復運賃は「富士登山バスフリーきっぷ」を利用した場合の料金

東京
🚃新幹線「こだま」新富士🚃JR東海道本線普通　富士　🚃JR身延線普通
約2時間　特急料金3060円　運賃2640円

🚌高速バス「やきそばエクスプレス」予約（JRバス関東・富士急静岡バス）
約2時間40分　運賃2470～3000円

名古屋
🚃新幹線「ひかり」　静岡　🚃JR身延線特急「ワイドビューふじかわ」
約1時間45分　特急料金4360円　運賃4070円

新大阪
🚃新幹線「ひかり」　静岡　🚃JR身延線特急「ワイドビューふじかわ」
約2時間30分　特急料金6000円　運賃7150円

富士宮
🚌富士急静岡バス ☆
約1時間30分
運賃2060円
（往復3700円）
※往復運賃は「富士登山バスフリーきっぷ」を利用した場合の料金

富士宮口五合目

☆＝季節運行。運行日は各会社に問合せを。　★＝予約定員制の特急バス「三島・河口湖ライナー」。乗車前までに富士急コールセンター☎0555-73-8181へ。
※JRの特急料金は通常期の普通車指定席利用のもの。繁忙期・閑散期により料金の増減あり。
※所要時間は目安のため、利用の際には最新情報で確認を（データは2024年2月現在のもの）。

富士山周辺の交通図

※所要時間は目安です

電車・バスの問合せ先

●鉄道

JR東日本お問い合わせセンター
☎050-2016-1600
https://www.jreast.co.jp

JR東海テレフォンセンター
☎050-3772-3910
https://jr-central.co.jp

小田急電鉄（小田急お客さまセンター）
☎044-299-8200
https://www.odakyu.jp

富士急行（富士山駅）
☎0555-22-7133
http://www.fujikyu.co.jp

●高速バス

京王高速バス予約センター
☎03-5376-2222
http://www.keio-bus.com

富士急コールセンター（レイクライナーも）
☎0570-022956
http://bus.fujikyu.co.jp

富士急コールセンター（横浜）横浜
〜河口湖線
☎045-628-2180
http://bus.fujikyu.co.jp

小田急ハイウェイバス
☎03-3428-5331
https://odakyu-highway.jp/

ジェイアールバス関東高速バス予約
センター
☎0570-048905
http://www.jrbuskanto.co.jp

富士急コールセンター（静岡）
☎0545-71-2660
https://www.shizuokabus.co.jp

名鉄高速バス予約センター
☎052-582-0489
http://www.meitetsu-bus.co.jp

近鉄高速バスセンター
☎0570-001631
https://www.kintetsu-bus.co.jp

●路線バス

《吉田ルート》

富士急バス本社営業所
☎0555-72-6877
https://www.fujikyubus.co.jp/

富士急静岡バス鷹岡営業所
☎0545-71-2495
https://www.shizuokabus.co.jp

《須走口・御殿場口》

富士急シティバス本社営業所
☎055-921-5367
https://www.fujikyu.co.jp/
citybus

富士急モビリティ御殿場営業所
☎0550-82-1333
http://bus.fujikyu.co.jp

《富士宮口》

富士急シティバス本社営業所
☎055-921-5367
https://www.fujikyu.co.jp/
citybus

富士急静岡バス鷹岡営業所
☎0545-71-2495
https://www.shizuokabus.co.jp

マイカー利用で五合目へ

富士登山4大ルートの各登山口にマイカーで行く場合の最寄りの高速道路ICからの最短ルートを紹介しよう。時期によってはルートの渋滞や駐車場の混雑などが予想され、登山口によって7〜9月にはマイカー規制も行われるので（P150参照）、プランニングは時期のチョイスを慎重に行いたい。

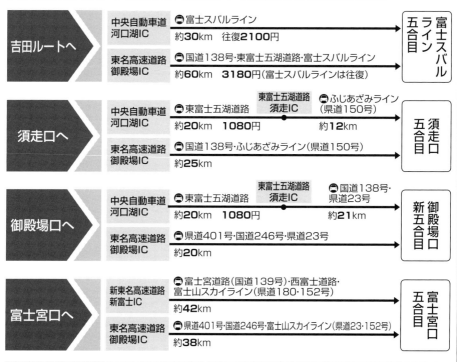

吉田ルートへ
- 中央自動車道 河口湖IC 🚗富士スバルライン　約30km　往復2100円 → 富士スバルライン五合目
- 東名高速道路 御殿場IC 🚗国道138号・東富士五湖道路・富士スバルライン　約60km　3180円（富士スバルラインは往復）

須走口へ
- 中央自動車道 河口湖IC 🚗東富士五湖道路　約20km　1080円 ● 東富士五湖道路 須走IC 🚗ふじあざみライン（県道150号）約12km → 須走口五合目
- 東名高速道路 御殿場IC 🚗国道138号・ふじあざみライン（県道150号）約25km

御殿場口へ
- 中央自動車道 河口湖IC 🚗東富士五湖道路　約20km　1080円 ● 東富士五湖道路 須走IC 🚗国道138号・県道23号　約21km → 御殿場口新五合目
- 東名高速道路 御殿場IC 🚗県道401号・国道246号・県道23号　約20km

富士宮口へ
- 新東名高速道路 新富士IC 🚗富士宮道路（国道139号）・西富士道路・富士山スカイライン（県道180・152号）約42km → 富士宮口五合目
- 東名高速道路 御殿場IC 🚗県道401号・国道246号・富士山スカイライン（県道23・152号）約38km

有料道路料金表（普通車通常料金）
- 富士スバルライン（往復）……2100円
- 東富士五湖道路（全線）……1080円
  - （須走IC〜山中湖IC）……540円
- （山中湖IC〜富士吉田IC）……540円
- 南富士エバーグリーンライン…520円

高速道路料金表
上段：普通車通行料金（円）　下段：区間距離（km）

● 東名高速道路・新東名高速道路・名神高速道路

									八王子	小牧	吹田
								大月	1,370 / 44.6	8,010 / 302.9	11,130 / 435.6
8,480 / 346.7	4,860 / 192.8	3,160 / 108.5	3,490 / 121.8	1,200 / 38.1	—	—	新富士	河口湖	800 / 23.5	2,010 / 68.1	8,080 / 335.5	11,190 / 468.2
8,930 / 370.5	5,520 / 213.6	2,720 / 90.0	3,130 / 103.3	700 / 19.6	420 / 9.5	沼津		勝沼	1,280 / 41.2	700 / 19.7	1,900 / 64.3	6,190 / 361.1	9,940 / 429.0
9,110 / 380.0	5,490 / 226.1	2,460 / 80.5	2,890 / 93.8	440 / 10.1	裾野		一宮御坂	320 / 6.2	1,450 / 47.4	870 / 25.9	2,070 / 70.5	6,370 / 254.9	9,910 / 420.8
9,200 / 384.8	5,580 / 230.9	2,190 / 71.4	2,620 / 83.7	御殿場		甲府南	420 / 9.3	580 / 15.5	1,700 / 56.7	1,120 / 35.2	2,320 / 79.8	6,190 / 245.6	9,660 / 411.5
吹田	名古屋	横浜町田	東京	甲府昭和	370 / 7.6	620 / 16.9	790 / 23.1	1,900 / 64.3	1,320 / 42.8	2,530 / 87.4	6,050 / 238.0	9,450 / 403.9

● 名神高速道路・中央自動車道

			甲府昭和	530 / 13.5	740 / 21.1	990 / 30.4	1,160 / 36.6	2,270 / 77.8	1,690 / 56.3	2,890 / 100.9	6,050 / 238.1	9,090 / 390.4
		白根	250 / 3.0	610 / 16.5	820 / 24.1	1,070 / 33.4	1,240 / 39.6	2,350 / 80.8	1,770 / 59.3	2,950 / 103.9	5,890 / 254.7	9,000 / 387.4
	南アルプス	330 / 6.2	410 / 9.2	780 / 22.7	980 / 30.3	1,240 / 39.6	1,400 / 45.8	2,520 / 87.0	1,940 / 65.5	3,080 / 110.1	5,730 / 248.5	8,840 / 381.2
増穂	720 / 20.5	550 / 14.3	470 / 11.3	470 / 11.2	670 / 18.8	930 / 28.1	1,090 / 34.3	2,210 / 75.5	1,630 / 54.0	2,830 / 98.6	5,840 / 226.8	9,390 / 401.6
韮崎	350 / 7.0	910 / 27.5	740 / 21.3	660 / 18.3	660 / 18.2	860 / 25.8	1,110 / 35.1	1,280 / 41.3	2,400 / 82.5	1,820 / 61.0	2,980 / 105.6	5,710 / 219.8	9,580 / 408.6
須玉

※ETC利用の平日料金です。現金払いでは異なることがあります。

149

マイカー規制

富士山の登山口に通じる山岳観光道路は毎年7〜9月上旬の一定期間、自然保護と交通渋滞解消のため、バス（11人以上）やタクシーを除くマイカーの乗り入れを規制している。規制指定日には山麓の指定駐車場に車を停め、シャトルバスで登山口に向かう。各登山口によって規制指定日が異なるので注意しよう。

吉田口

富士スバルラインマイカー規制
- ●規制区間　胎内交差点〜富士スバルライン五合目駐車場
- ●規制期間　7月上旬〜9月上旬で連続規制、年により期間が異なるので、詳しくは問合せを
- ●規制期間中の駐車場　富士北麓駐車場（1100台）
- ●問合せ先　富士山有料道路管理事務所 ☎0555-72-5244／富士北麓駐車場観光案内所 ☎0555-72-9900
- ●シャトルバス　富士スバルラインのマイカー規制中に運行。運行時刻は変動あり

▶富士北麓駐車場（富士山パーキング）〜富士山五合目（富士スバルライン五合目）
[運賃] 年により異なるので問合せを（所要約40分）
[行き]
富士北麓駐車場発
始発3時30分〜30分間隔〜最終17時30分
[帰り]
富士山五合目発
始発4時30分〜30分間隔〜最終18時30分

須走口

ふじあざみラインマイカー規制
- ●規制区間　登山口区間入口〜須走口五合目駐車場
- ●規制期間　7月上旬〜9月上旬で連続規制、年により期間が異なるので、詳しくは問合せを
- ●規制期間中の駐車場　須走IC付近の須走多用途広場駐車場（200台）
- ●問合せ先　小山町観光交流課 ☎0550-76-6114
- ●シャトルバス　ふじあざみラインのマイカー規制中に運行。規制開始日と解除日は時刻変動

▶須走多用途広場〜須走口五合目
富士急モビリティ
[運賃] 年により異なるので問合せを（所要約30分）
[行き]
須走多用途広場発
始発5時45分〜60分間隔〜最終18時00分
[帰り]
須走口五合目発
始発6時20分〜60分間隔〜最終18時45分

御殿場口

御殿場口新五合目までの規制は特にない。御殿場口新五合目と水ヶ塚公園駐車場との間は、御殿場駅〜水ヶ塚公園を結ぶ登山バスが運行（「富士宮口」を参照）。
- ●問合せ先　御殿場市観光交流課 ☎0550-82-4622

富士宮口

富士山スカイラインマイカー規制
- ●規制区間　二合目旧料金所ゲート〜富士宮口五合目駐車場
- ●規制期間　7月上旬〜9月上旬で連続規制、年により期間が異なるので、詳しくは問合せを
- ●規制期間中の駐車場　水ヶ塚公園（870台）
- ●問合せ先　静岡県道路企画課 ☎054-221-3359　富士宮市観光課 ☎0544-22-1155
- ●シャトルバス　富士山スカイラインのマイカー規制中に運行。規制開始日と解除日は運行時刻の変動あり。御殿場駅〜御殿場口新五合目〜水ヶ塚公園間の登山バスも運行。問合せは富士急モビリティ ☎0550-82-1333

▶水ヶ塚公園駐車場〜富士宮口五合目
富士急静岡バス鷹岡営業所
[運賃] 年により異なるので問合せを（所要約35分）
[行き] 水ヶ塚公園駐車場発
始発6時00分〜60分間隔〜最終20時00分
[帰り] 富士宮口五合目発
始発7時00分〜60分間隔〜最終19時00分

▶御殿場口新五合目〜水ヶ塚公園駐車場（登山バス）
富士急モビリティ
[運賃] 年により異なるので問合せを（所要10〜25分）
[行き] 御殿場口新五合目発
始発8時05分〜約1〜2時間間隔〜最終16時20分
[帰り] 水ヶ塚公園駐車場発
始発8時45分〜約1〜2時間間隔〜最終17時00分

※シャトルバスなどの運行状況や料金は、年によって変更される場合がありますので、事前にご確認ください（データは2023年のもの）

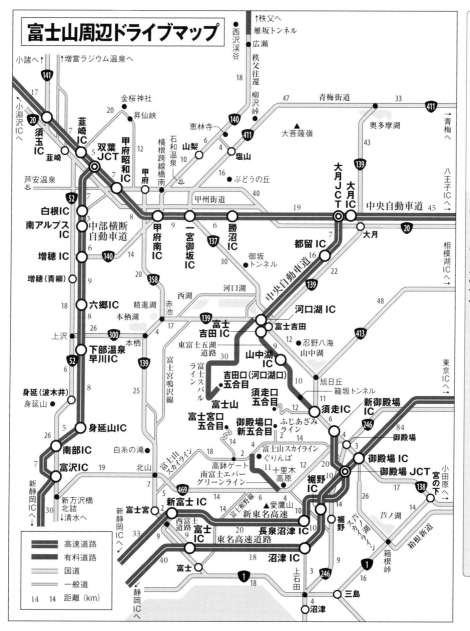

富士山周辺ドライブマップ

高速道路の問合せ先

●NEXCO東日本お客さまセンター
☎0570-024-024
☎03-5308-2424
https://www.e-nexco.co.jp

●NEXCO中日本お客さまセンター
☎0120-922-229
☎052-223-0333
https://www.c-nexco.co.jp

●NEXCO西日本お客さまセンター
☎0120-924-863
☎06-6876-9031
https://www.w-nexco.co.jp

富士山の 山小屋カタログ

登山シーズンが夏の短期間に集中する富士山では、
週末やお盆のころなどは山小屋の予約が取りにくくなっている。
とくに吉田ルートの山小屋の混雑は激しいので、スケジュールが決まったら
すぐに予約をしよう。予約の際には、チェックイン時刻の対応についても確認しておきたい。
日程変更をしたり、登山を中止する場合も必ず連絡を。

チェックポイント

登山ペースを考えて選ぶ

宿泊する標高地点は登頂成功の大きな鍵になる。ご来光を山頂で見る場合は七合目以上の山小屋に宿泊するのが一般的。山小屋からもご来光を見ることができるので、無理をせず自分の登山ペースを考えて選ぼう。

高低差に注意!

「七合目の山小屋」とひとことで言っても、実際には七合目から八合目の間に点在している。同じ合目の山小屋でも高低差があるので注意を。自分のペース配分と位置関係を確認してから選ぼう。

必ず事前予約を

人気の高い山だけに登山客は増加傾向にある。夏休み期間には満室になる可能性も多く、平日でも満室になる山小屋もある。また、山小屋は緊急事態の時の避難場所としての役割もあるので、安心登山のためにも事前予約をしておこう。

吉田ルート周辺

奥庭荘 おくにわそう 〔奥庭〕
☎ 0555-82-2910
① 90人(休憩350人)
② 4月下旬〜11月中旬
③ 1泊2食1万1000円／素泊り7000円
④ なし
⑤ 期間外☎0555-82-2910

富士急雲上閣 ふじきゅううんじょうかく 〔スバルライン五合目〕
☎ 0555-72-1355
① 42人
② 4月中旬〜12月中旬(宿泊は7月1日〜9月上旬)
③ 素泊り7700円〜
④ https://www.unjokaku.jp
⑤ 期間外☎0555-72-1355

富士山みはらし ふじさんみはらし 〔スバルライン五合目〕
☎ 080-2681-3776
① 46人
② 4月上旬〜11月下旬(宿泊は6月下旬〜9月上旬)
③ 素泊り7500円〜
④ http://www.fujisan5.com
⑤ 期間外☎0555-72-1266

井上小屋 いのうえごや 〔吉田口四合五勺〕
☎ ―
① ―
② 休業中(再開未定)
③ ―
④ なし
⑤ ―

佐藤小屋 さとうごや 〔吉田口五合目〕
☎ 090-3133-2230
① 80人 ②通年(6〜10月以外は不定期、冬期は5名以上で受付)
③ 1泊2食1万1000円〜／素泊り8500円
④ https://www.fuji-satogoya.com
⑤ 期間外☎090-3133-2230

里見平 星観荘 さとみだいら せいかんそう 〔吉田口六合目〕
☎ 0555-24-6524
① 60人
② 6月中旬〜10月中旬
③ 1泊2食9000円〜／素泊り6000円
④ http://www.seikanso.jp
⑤ 期間外☎0555-24-6090

花小屋 はなごや 〔七合目〕
☎ 090-7234-9955
① 90人
② 6月下旬〜9月上旬
③ 1泊2食8000円／素泊り6000円
④ http://www2.tbb.t-com.ne.jp/hanagoya
⑤ 期間外☎0555-22-2208

※各データ及び営業期間は積雪状況や道路状況などで変更されることがありますので、事前にご確認ください。

日の出館 ひのでかん　七合目

☎ 0555-24-6522
① 75人
② 7月1日〜9月上旬
③ 1泊2食9000円／素泊り7000円
④ http://www10.plala.or.jp/hinodekan/hinodekan.html
⑤ 期間外☎0555-22-0396

鎌岩館 かまいわかん　七合目

☎ 080-1299-0223
① 100人
② 7月1日〜9月上旬
③ 1泊夕食1万900円／素泊り9400円
④ https://kamaiwakan.jpn.org
⑤ 期間外Eメール 7@kamaiwakan.jpn.org

鳥居荘 とりいそう　本七合目

☎ 0555-84-2050
① 120人
② 7月1日〜9月上旬
③ 1泊2食1万1000円／素泊り8800円
④ http://toriiso.com/
⑤ 期間外☎0555-84-2050（10〜18時）

太子舘 たいしかん　八合目

☎ 0555-24-6516
① 200人
② 6月下旬〜9月上旬
③ 1泊2食1万2000円／素泊りなし
④ http://www.mfi.or.jp/taisikan/
⑤ 期間外☎0555-22-1947

白雲荘 はくうんそう　八合目

☎ 0555-24-6514（7月上旬〜9月上旬）
① 180人
② 7月1日〜9月上旬
③ 1泊2食1万1000円／素泊りなし
④ http://fujisan-hakuun.com
⑤ 期間外☎0555-22-1322

本八合目富士山ホテル ほんはちごうめふじさんほてる　本八合目

☎ 0555-24-6512
① 240人
② 6月下旬〜9月上旬
③ 1泊2食1万1850円〜／素泊り9250円
④ https://www.fujisanhotel.com/
⑤ 期間外☎0555-22-0237（予約センター）

御来光館 ごらいこうかん　八合五勺

☎ 0555-24-6510
① 90人
② 7月1日〜9月上旬
③ 1泊2食1万3500円／素泊り1万1000円
④ https://www.goraikoukan.jp
⑤ 期間外☎0555-73-8815（平日10〜17時）

七合目トモエ館 ななごうめともえかん　七合目

☎ 0555-24-6521
① 100人
② 6月下旬〜9月上旬
③ 1泊2食1万円〜／素泊りなし
④ https://tomoekan.com
⑤ 期間外☎0555-24-6521

富士一館 ふじいちかん　七合目

☎ 080-1036-6691
① 80人
② 7月1日〜9月上旬
③ 1泊2食1万9000円〜／素泊り9000円〜
④ https://www.fuji-ichikan.jp/
⑤ 期間外☎090-4549-3250

東洋館 とうようかん　本七合目

☎ 0555-22-1040
① 178人
② 6月下旬〜9月上旬
③ 1泊2食1万2100円〜／素泊りなし
④ https://www.fuji-toyokan.jp/
⑤ 期間外☎0555-22-1040

蓬莱館 ほうらいかん　八合目

☎ 0555-24-6515
① 75人
② 7月1日〜9月上旬
③ 1泊2食1万2000円〜／素泊りなし
④ https://www.horaikan.jp
⑤ 期間外☎0555-22-3498

元祖室 がんそむろ　八合目

☎ 090-4549-3250
① 125人
② 7月1日〜9月上旬
③ 1泊2食1万2000円／素泊りなし
④ https://www.ganso-muro.jp/
⑤ 期間外☎090-4549-3250

本八合目トモエ館 ほんはちごうめともえかん　本八合目

☎ 0555-24-6511
① 120人
② 6月下旬〜9月上旬
③ 1泊2食1万1000円／素泊りなし
④ https://tomoekan.com
⑤ 期間外☎0555-24-6511

●P152〜155 山小屋カタログの見方

山小屋の名称　現地連絡先　①収容人数　②営業期間　③平日の宿泊料金（1泊2食）／平日の素泊り料金　※1泊2食、素泊りとも金・土曜や祝前日などに料金アップする山小屋あり　④ホームページのURL　⑤営業期間以外の連絡先（データは2023年のもの）

須走ルート

東富士山荘 ひがしふじさんそう　五合目

☎ 090-3254-5057
① 50人　② 4月下旬～11月中旬
③ 1泊2食9500円／素泊り6500円
④ http://www4.tokai.or.jp/
　 yamagoya/
⑤ 期間外☎0550-75-2113

瀬戸館 せとかん　本六合目

☎ 090-3302-4466
① 80人
② 6月下旬～9月下旬
③ 1泊2食9000円／素泊り7000円
④ https://www.fujisan-setokan.com
⑤ 期間外☎090-3302-4466

見晴館 みはらしかん　本七合目

☎ 090-1622-1048（7月上旬～9月上旬）
① 45人
② 7月上旬～9月上旬
③ 1泊2食8500円／素泊り7000円～
④ http://miharashi-kan.com
⑤ 期間外☎090-1622-1048

胸突江戸屋（上江戸屋）むなつきえどや（うええどや）　本八合目

☎ 090-7031-3517
① 100人
② 7月1日～9月上旬
③ 1泊2食1万300円～／素泊り8300円～
④ https://www.fujisan-edoya.com
⑤ 期間外☎090-7031-3517

扇屋 おうぎや　山頂

☎ 090-1563-3513
①　—
② 7月中旬～9月上旬
③ 売店・軽食のみの営業
④　—
⑤ 期間外☎0550-89-0069（9～18時）

山荘 菊屋 さんそう きくや　五合目

☎ 090-8680-0686（5～11月）
① 20人
② 4月下旬～11月中旬
③ 1泊2食7500円／素泊り5000円
④ http://fujisan-kikuya.jp/
⑤ 期間外☎090-8680-0686

長田山荘 おさださんそう　新六合目

☎ 090-8603-5097
① 25人
② 6月下旬～9月下旬
③ 1泊2食9000円／素泊り7000円
④ https://fujisan-osada.com
⑤ 期間外☎090-8603-5097

大陽館 たいようかん　七合目

☎ 090-3158-6624（6月1日～10月15日）
① 50人
② 6月中旬～10月中旬
③ 1泊2食1万4300円／素泊り8800円
④ なし
⑤ 期間外☎090-3158-6624

江戸屋（下江戸屋）えどや（したえどや）　八合目

☎ 090-2770-3518
① 80人
② 7月中旬～8月下旬
③ 1泊2食1万300円～／素泊り8300円～
④ https://www.fujisan-edoya.com
⑤ 期間外☎090-2770-3518

山口屋本店 やまぐちやほんてん　山頂

☎ 090-5858-3776（7月中旬～8月中旬）
① 30人
② 7月中旬～8月下旬
③ 1泊夕食9000円／素泊り8000円
④ http://www.fujisan-
　 yamaguchiya.com
⑤ 期間外☎0550-75-2012

吉野屋 よしのや　砂払五合目

☎ 090-7854-7954
① 100人
② 7月上旬～9月上旬
③ 1泊2食7000円～／素泊り5000円～
④ http://fujisan-sunaharaigogou.
　 com/
⑤ 期間外☎090-7854-7954

富士宮ルート

五合目休憩施設 ごごうめ きゅうけいしせつ　五合目

①　—
② 7月10日～9月10日
③　—
④ なし
⑤ 売店は6～18時。施設は緊急用と
　 して24時間開放。

六合目雲海荘 ろくごうめうんかいそう
六合目
☎ 090-2618-2231
① 50人
② 7月上旬～9月下旬
③ 1泊2食8000円～／素泊り6000円～
④ http://www.unkaiso.com
⑤ 期間外 ☎0544-26-4533

新七合目御来光山荘 しんななごうめごらいこうさんそう
新七合目
☎ 090-4083-2233(7月上旬～9月上旬)
① 130人
② 7月10日～9月上旬
③ 1泊2食8000円～／素泊り6000円～
④ http://www.goraikousansou.com
⑤ 期間外 ☎0544-26-3942

八合目池田館 はちごうめいけだかん
八合目
☎ 090-2772-2235(7月上旬～9月上旬)
① 180人
② 7月上旬～9月上旬
③ 1泊2食8000円～／素泊り6000円～
④ http://www.fuji8.com/
⑤ 期間外 ☎090-2772-2235

九合五勺胸突山荘 きゅうごうごしゃくむなつきさんそう
九合五勺
☎ 090-7300-2237
① 100人
② 7月上旬～9月上旬
③ 1泊2食9000円～／素泊り7000円～
④ https://munatsuki.com/
⑤ 期間外 ☎090-5855-8759

六合目宝永山荘 ろくごうめほうえいさんそう
六合目
☎ 090-7607-2232(6月下旬～9月中旬)
① 50人
② 6月下旬～9月中旬
③ 1泊2食8000円～／素泊り6000円～
④ http://houeisansou.com
⑤ 期間外 ☎0544-26-4887

元祖七合目山口山荘 がんそななごうめやまぐちさんそう
七合目
☎ 090-7022-2234(7月上旬～8月下旬)
① 160人
② 7月上旬～9月上旬
③ 1泊2食1万円～／素泊り8000円～
④ http://fujisan-ganso.jp
⑤ 期間外 ☎0544-23-3938

九合目萬年雪山荘 きゅうごうめまんねんゆきさんそう
九合目
☎ 090-7025-2236(7月初旬～9月上旬)
① 200人 ② 7月上旬～9月上旬
③ 1泊2食1万円～／素泊り8000円～
④ https://mannnennyuki.wixsite.com/mannennyuki
⑤ 期間外 ☎0544-27-2355

頂上富士館 ちょうじょうふじかん
山頂
☎ 090-3301-3512(予約・問合せは下記番号)
① 100人 ② 7月上旬～9月上旬
③ 1泊2食8000円～／素泊り6000円～
④ https://fujisanchou.com/
⑤ 期間外 ☎0544-26-1519

御殿場ルート

半蔵坊 はんぞうぼう
新六合目
☎ 090-2745-2590
① 12人
② 7月上旬～9月上旬
③ 1泊2食1万円～／素泊り9000円～
④ https://hanzobo.main.jp/
⑤ 期間外 ☎090-4853-8798

砂走館 すなばしりかん
七合五勺
☎ 090-8868-0341
① 150人
② 7月上旬～9月上旬
③ 1泊2食9000円～／素泊り7500円～
④ http://www.sunabashirikan.co.jp
⑤ 期間外 ☎0550-89-0703

大石茶屋 おおいしちゃや
新五合目
☎ 090-8955-5076
① 25人
② 7月上旬～9月上旬
③ 1泊2食7500円／素泊り6000円
④ なし
⑤ 期間外 ☎0550-89-2941

わらじ館 わらじかん
七合四勺
☎ 090-8678-3050(7月上旬～8月下旬)
① 36人
② 7月上旬～9月上旬
③ 1泊2食1万円～／素泊り9000円～
④ http://warazikan.main.jp/
⑤ 期間外 ☎090-4853-8798

赤岩八合館 あかいわはちごうかん
七合九勺
☎ 090-3155-5061
① 150人 ② 7月上旬～9月上旬
③ 1泊2食9000円～／素泊り7500円～
④ http://www.fujisan-akaiwa8go.jp
⑤ 期間外 ☎0550-89-0703

持ち物・装備チェックリスト

◎必携　○あると便利
△コースや個人差により必要

	一般の山歩き 春夏日帰り	一般の山歩き 秋冬日帰り	富士登山 山小屋泊
ウエア			
□ ズボン	◎	◎	◎
□ 吸汗速乾性下着	○	◎	◎
□ 吸汗速乾性のアンダーシャツまたはTシャツ	◎	◎	◎
□ 長袖の山シャツ（化繊もしくはウール）	○	◎	◎
□ 防寒用中間着（薄手のフリースやダウンなど）	○	◎	◎
□ レインウエア	◎	◎	◎
□ 靴下（登山用）	◎	◎	◎
□ 替え下着、替え靴下	△	△	○
□ 日除け用帽子	◎	○	◎
□ 手袋	△	○	◎
□ バンダナ、日本手ぬぐい	○	○	○
登山用具			
□ 登山靴	◎	◎	◎
□ スパッツ	△	△	◎
□ ストック（杖）	○	○	○
□ ザック	◎	◎	◎
□ ザックカバー	◎	◎	◎
□ 水筒（ペットボトル）	○	○	◎
□ 保温ポット（携帯ポット）	△	◎	△
□ ヘッドランプ	○	○	◎
□ 予備電池	○	○	○
□ サングラス	△	○	◎
□ コンパス（磁石）	◎	◎	◎
□ GPS	○	○	○
□ 地図・ガイドブック	◎	◎	◎
□ 時計	◎	◎	◎
□ 手帳・筆記用具	○	○	○
生活用具			
□ タオル	◎	◎	◎
□ 日焼け止め	○	△	○
□ 行動食、おやつ	◎	◎	◎
□ ティッシュペーパー	○	○	◎
□ ゴミ袋（ビニール袋）	◎	◎	◎
□ ウェットティッシュ	○	○	◎
□ トイレ用小銭	△	△	◎
非常時対応品			
□ ファーストエイドキット（医薬品など）	◎	◎	◎
□ 携帯トイレ	○	○	○
□ 非常食	◎	◎	◎
□ 健康保険証	◎	◎	◎
□ 携帯電話、予備バッテリー	◎	◎	◎
□ レスキューシート	◎	◎	◎
□ マスク（砂走りの防塵用）	△	△	△

山 行 記 録

山名	
期間	年　　　月　　　日　〜　　　月　　　日（　　　泊　　　日）

メンバー	氏名	住所	電話

	地　点	天　候	時　間	memo
第1日目				

	地　点	天　候	時　間	memo
第2日目				

	地　点	天　候	時　間	memo
第3日目				

備考	

登 山 計 画 書

グループ／団体名 _____ 提出日　　年　　月　　日

代表者名 _____ 記入者 _____

代表者住所 _____

電話番号 _____

■登山期間	年　　月　　日　～　　月　　日

■山域・ルート名

■スケジュール（日程／宿泊先等）

■メンバー

役　割	氏　名	生年月日 / 年　齢	性 / 別	現 住 所 / 自宅電話／携帯電話	緊急連絡先・氏名（続柄） / 電話番号
リーダー					
サブリーダー					

■荒天・非常時の対策、エスケープルート、その他

■装備・食料

このページをA4サイズに拡大コピーしてから記入してください

登山計画書は必ず提出しよう！

■登山計画書の提出は万が一の場合の迅速な対応、救助に不可欠なもの。登山前に必ず提出しておこう。また、予定日までに下山をしていない、あるいは連絡がとれないなど、遭難にいち早く気付いてくれる人（家族、職場、学校など）に登山計画を知らせておくこことも大切だ。

■登山計画書は登山口にある専用ポストへの投函、管轄警察署へのFAX、郵送などの提出方法があるが、FAX、郵送の場合は1週間前の到着を目安に。様式は各警察署のHPにもある。オンライン登山届「コンパス」(https://www.mt-compass.com/)も便利。

登 山 計 画 書 の 提 出 先

吉田ルート

●**富士吉田警察署**
〒403-0012 山梨県富士吉田市旭 1 - 5 - 1
TEL 0555-22-0110
●**山梨県警察本部生活安全部地域課**
〒400-8586 山梨県甲府市丸の内 1 - 6 - 1
TEL 055-221-0110　FAX 050-3066-0107
●**登山口の登山届ポスト**
（山梨県富士山五合目総合管理センター入口の左壁と内部のカウンター）

須走ルート

●**御殿場警察署**
〒412-0004 静岡県御殿場市北久原439-2　TEL 0550-84-0110
●**静岡県警察本部地域部地域課「静岡県警察山岳遭難救助隊」**
〒420-8610 静岡県葵区追手町9-6
TEL 054-271-0110　FAX 054-271-3776
●**登山口の登山届ポスト**（登山口入口あずまや横）

御殿場ルート

●**御殿場警察署**
〒412-0004 静岡県御殿場市北久原439-2　TEL 0550-84-0110
●**静岡県警察本部地域部地域課「静岡県警察山岳遭難救助隊」**
〒420-8610 静岡県葵区追手町9-6
TEL 054-271-0110　FAX 054-271-3776
●**登山口の登山届ポスト**（登山道入口、入山門（鳥居）近くの案内看板横）

富士宮ルート

●**富士宮警察署**
〒418-0062 静岡県富士宮市城北町160　TEL 0544-23-0110
●**静岡県警察本部地域部地域課「静岡県警察山岳遭難救助隊」**
〒420-8610 静岡県葵区追手町9-6
TEL 054-271-0110　FAX 054-271-3776
●**登山口の登山届ポスト**（五合目レストハウス内階段踊り場）

※注）道路閉鎖期間中は、登山届ポストが撤去される場合もある。

富士登山パーフェクトガイド

2024年4月15日　初版印刷
2024年5月1日　初版発行

編集人　　　　志田典子
発行人　　　　盛崎宏行
発行所　　　　JTBパブリッシング
　　　　　　　〒135-8165　東京都江東区豊洲5-6-36
　　　　　　　豊洲プライムスクエア11階

企画・編集　　ライフスタイルメディア編集部
　　　　　　　担当：今城美貴子

取材・文・写真　柏 澄子、桑子 登
　　　　　　　佐古清隆、荻生田 浩

編集協力　　　平田謙一、森田秀巳、吉田祐介、片桐恵美

写真協力　　　戸塚綾子、関 巌、平田謙一、児玉 康
　　　　　　　松澤暁生、伊藤文博、川崎博、田口裕子
　　　　　　　谷丸宣吉、松倉一夫、樋口一成
　　　　　　　日本郵便東海支社、モンベル
　　　　　　　PIXTA、フォトライブラリー
　　　　　　　関係各県市町村

表紙写真　　　森田裕貴/アフロ、樋口一成、谷丸宣吉

イラスト　　　阿部亮樹、井上ミノル

表紙・デザイン　トッパングラフィックコミュニケーションズ
　　　　　　　（淺野有子）

本文デザイン・組版　クリエイト・ユー（玉井美香子）
　　　　　　　滝口博子、nolonolo
　　　　　　　ローヤル企画

地図製作　　　ジェイ・マップ

印刷　　　　　TOPPAN

◎本書の地図の作成にあたっては、国土地理院長の承認を得て、同院発行の5万分の1地形図及び2万5千分の1地形図を使用しました。
（承認番号　平21業使、第754号）

◎本書の取材・執筆にあたり、ご協力いただきました関係各位に、厚くお礼申しあげます。

◎本書の掲載データは2024年2月現在のものです。料金はすべて大人料金です。定休日は年末年始、盆休み、ゴールデンウィークは省略しています。

◎各種データを含めた掲載内容の正確性には万全を期しておりますが、登山道の状況や施設の営業などは、気象状況などの影響で大きく変動する事があります。安全のために、お出かけ前には必ず電話等で事前に確認・予約する事をお勧めします。山では無理をせず、自己責任において行動されるようお願いいたします。事故や遭難など、弊社では一切の責任は負いかねますので、ご了承ください。

編集、乱丁、落丁のお問合せはこちら
https://jtbpublishing.co.jp/contact/service/

JTBパブリッシング お問合せ　Q

おでかけ情報満載　https://rurubu.jp/andmore

JTBパブリッシング
https://jtbpublishing.co.jp/